Dirk Stermann

DREIER

GEGRÜNDET
1999

Dirk Stermann

DREIER

Czernin Verlag, Wien

Gedruckt mit freundlicher Unterstützung der Kulturabteilung
der Stadt Wien, MA7 / Literaturförderung

Stermann, Dirk: Dreier / Dirk Stermann
Wien: Czernin Verlag 2015
ISBN: 978-3-7076-0541-9

© 2015 Czernin Verlags GmbH, Wien
Coverfotos: © Ingo Pertramer, www.pertramer.at
Eierfotos: Hannah Schatz
Satz: Burghard List
Druck: Druckerei Theiss, A-9431 St. Stefan
ISBN Print: 978-3-7076-0541-9
ISBN E-Book: 978-3-7076-0542-6

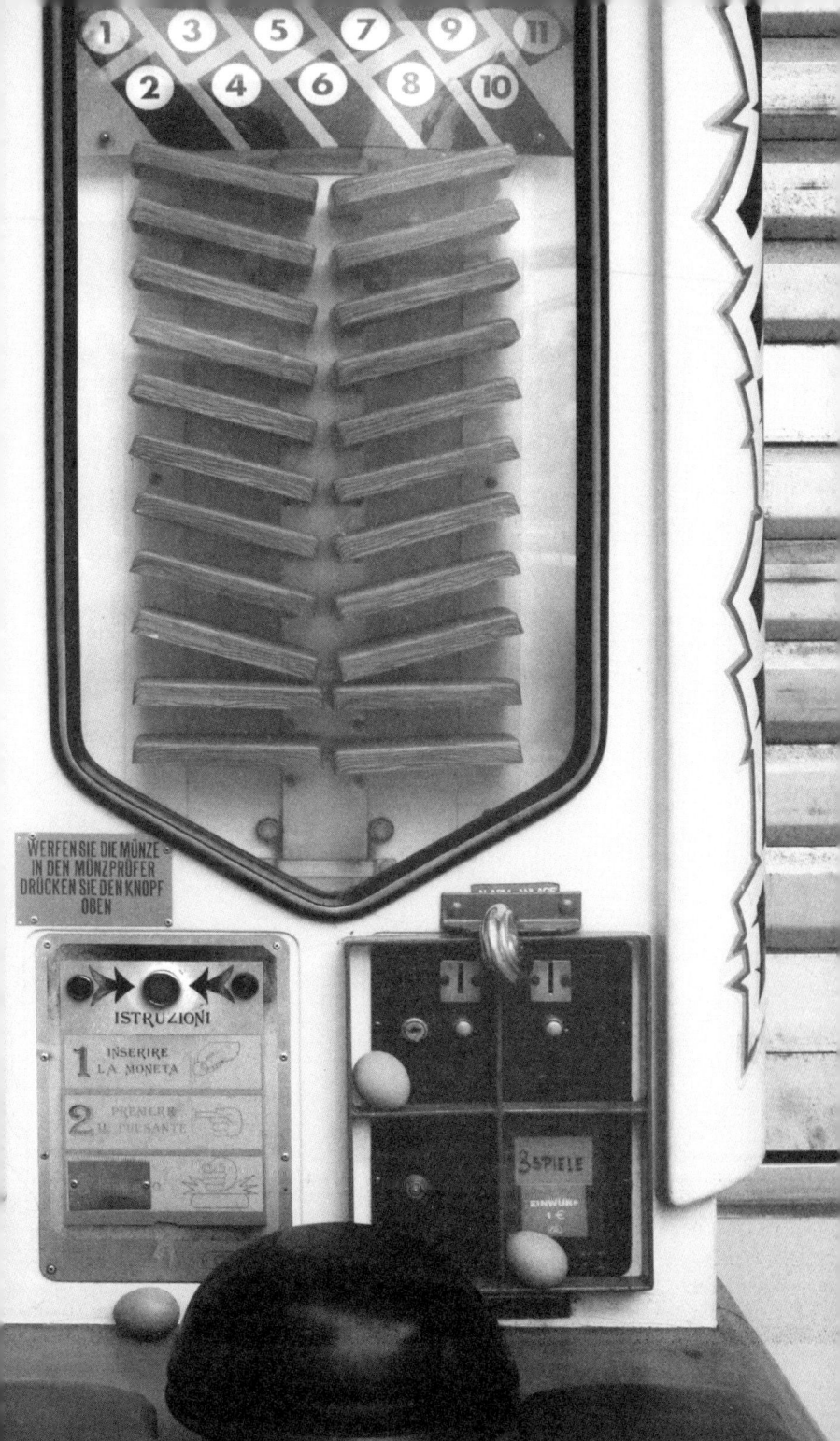

Vorwort

Michel Houellebecq findet *Dreier* »trop chaud«, er würde sich so etwas nicht trauen, sagte mir der verschmitzte Kettenraucher in einem vertraulichen Gespräch. Ich machte ein sehr schönes Handyfoto von ihm, er sah wirklich gut aus. Er bat mich, das Foto sofort zu löschen. Stattdessen schenkte er mir ein Bild von sich, auf dem er aussieht, na ja.

Natürlich machte ich mir Gedanken. Die Freiheit der Kunst, gut und schön, aber soll man nicht auch unversehrt leben dürfen? Ich schickte also die Fahnen nach Mossul und erhielt dankenswerterweise schnell die Freigabe des Islamischen Staates.

In Dänemark erschien daraufhin eine Karikatur von mir. Lass sie machen, dachte ich mir.

Nach *Eier* und *Zweier* ist *Dreier* der Höhepunkt der Trilogie, die mich nun schon viele meiner besten Jahre begleitet. Höhepunkt, auch in sexueller Hinsicht. Kritiken, wie vom deutschen, revanchistischen Historiker Arnulf Bering, wonach *Dreier* nicht mehr sei als ein »Shades of Grey für Zwischendurch«, nehme ich nicht ernst. Peter Handke zum Beispiel übersetzte meine hier vorliegenden Texte bereits ins Serbische, noch bevor ich sie überhaupt auf Deutsch geschrieben hatte. Ich hechelte meinem Übersetzer hinterher, stets war er einen Absatz vor mir. Eine meiner irrsten Übersetzererfahrungen.

Mich freut es natürlich, wenn in Dresden, Karachi und Jesolo Menschen mit »Je suis Dreier«-T-Shirts gesehen werden. Das ist Ehre und Verpflichtung.

Mein Wiener Fleischhauer findet, dass *Dreier* für Veganer und Fleischfresser geeignet ist. Beide kommen vor und gut weg.

Übertrieben, aber meine Eitelkeit pinselnd ist der Satz eines libanesischen Gemüsehändlers am Karmelitermarkt: Dein Buch vereint das Wissen und die Liebe des Abendlandes mit dem Glauben und dem Hass des Morgenlandes zu einer Art Wieben, Glissen, zu Lass oder Hiebe.

Wenn das auch nur annähernd stimmt, kann ich mich entspannt zurücklehnen.

Meine Mutter und Wolf Wondratschek

Meine Mutter bügelt sich die Seele aus dem Leib, dachte ich, 15. Vor Kurzem hatte ich angefangen zu rauchen. Am Anfang noch hatte ich den Rauch geschluckt. Inhalieren lernte ich erst nach Wochen. Tabaktrinken, las ich Jahre später, nannte mans früher. Tabaksaufen. Ich schluckte den Tabak, war unglücklich verliebt in mehrere Mädchen und überhaupt diffus unglücklich. Rasieren musste ich mich, wenn ich ganz ehrlich zu mir war, nur einmal pro Woche, aber Erektionen waren meine ständigen Begleiter. Ich las Charles Bukowski und Wolf Wondratschek.

Ich war im Garten gewesen und hatte heimlich geraucht, dann kam ich in die Waschküche. Meine Mutter bügelte sich um den Verstand, aus meinem Zimmer tönte noch die beste Platte meiner Jugend. Fehlfarben, Monarchie und Alltag. »Es liegt ein Grauschleier über den Stadt, den meine Mutter noch nicht weggewaschen hat.« Ich hätte mir gewünscht, noch einen Kater vom Vortag gehabt zu haben, aber ich war Schüler und trank nur samstags. Ich war mit 5 eingeschult worden, darum immer mindestens ein Jahr jünger als alle anderen in meiner Klasse. Darauf schob ichs, dass ich immer am wenigsten vertrug. Aber im Sinne Bukowskis und Wondratscheks wollte ich auf jeden Fall mehr vertragen können. Ich wollte auch ein desillusionierter, trinkender, rauchender Mann sein. Alles, was mir zu Bukowski und Wondratschek fehlte, waren 30 oder 45 Jahre. Beide waren, wie ich, in Deutschland geboren. Uns trennte, oh fuck, so wenig. Ich, 15, stellte mich an den Bügeltisch und zitierte meiner Mutter Wondratschek. »Sprichst du von meiner Liebe, so sprichst du von meinem Hodensack!«

Meine Mutter stellte ihr dampfendes Bügeleisen auf den Rücken und sah mich traurig an. »Oh Gott. Wie unromantisch klingt das denn«, sagte sie. Ich nickte bedeutungsschwer und ging, wie ein von Wondratschek beschriebener Boxer, schwerfällig in mein Zimmer zurück. Ich trank einen Schluck

Amaretto. Den Amaretto hatte ich zum 15. Geburtstag geschenkt bekommen. Ein Damengetränk, aber immerhin. Ich dachte an Jenny in Süd Dakota und Isabell in Düsseldorf und Sara in Italien. Sprichst du von Liebe, so sprichst du von meinem Hodensack. Als hätte ich auch nur einmal mit einer der drei Sex gehabt. Es klopfte. Meine Mutter kam hinein. Ich stellte Fehlfarben leiser.

»Sprichst du von meiner Liebe, so sprichst du von meinem Hodensack? Glaubst du das im Ernst?«

30 Jahre später saß ich mit einem Freund im Rüdigerhof. Wir sprachen über unsere Mütter. Ich erzählte ihm die Wondratschekgeschichte mit meiner bügelnden Mutter. Er sagte, er sei mit Wondratschek befreundet, der lebe ja seit Jahren in Wien, er habe ihn schon lange nicht mehr gesehen, ich solle ihn von ihm grüßen, wenn ich ihn träfe. Der Dichter sei nämlich im gleichen Fitnessstudio wie ich. Ich versprachs und wenige Wochen später war ich in der Umkleidekabine meines Fitnessstudios am Schillerplatz. Ich hatte zwischen Alfons Haider und Josef Pröll und Mausi Lugner trainiert und mir jetzt Schweiß und Ekel abgewaschen. Ich trocknete mich ab und sah am anderen Ende der Garderobe Wolf Wondratschek. Er zog sich aus. Ich zog mich an. Ich hängte mir meine Tasche über und ging Richtung Ausgang, an ihm vorbei. Er war nackt und stand vor seinem Spind. Ich überlegte kurz, dann sagte ich: »Entschuldigung, ich soll Sie von Christian aus der Zeindlhofergasse grüßen.«

Der Dichter der Huren und Boxer sah mich an und sprang begeistert in die Höhe. »Der Christian«, rief er und hüpfte nackt vor mir auf und ab. Sein Hoden hüpfte mit. Der Hoden, von dem ich 30 Jahre zuvor meiner Mutter erzählt hatte. »Das freut mich«, rief der Dichter Wondratschek und ich hob den Blick von seinem Hoden in sein freundliches Gesicht. »Grüßen Sie ihn doch bitte zurück!«

»Mach ich«, antwortete ich. »Und meine Mutter grüß ich gleich mit.«

»Wie bitte?«, sagte der Dichter.

Ich nickte bedeutungsschwer und ging, wie ein von ihm beschriebener Boxer, schwerfällig aus der Garderobe. Am Schillerplatz trat ich eine brennende Zigarette aus. Ich selbst rauchte schon seit Jahren nicht mehr. Ich rief meine Mutter an.

»Du hast mich mal vor 30 Jahren gefragt, ob ich im Ernst glaube, dass sich Liebe nur im Hodensack abspielt. Erinnerst du dich?«

»Ja«, antwortete meine Mutter. »Ich erinner mich. Ich hab gebügelt. Ich hab bügeln gehasst. Und du hast nach Zigaretten gerochen.«

»Ach, ich dachte, ich hätte das damals vor dir verheimlicht. Na ja, also, ich finds nicht. Ich find nicht, dass Liebe nur im Hodensack begründet ist.«

»Ich inzwischen schon«, antwortete meine Mutter.

Haymatloz

Ich habe einen Zettelzettel. Auf dem stehen, manchmal jahrelang, Sätze, die ich mag oder nicht verstehe oder von denen ich das Gefühl habe, dass sie noch einmal in Verwendung kommen. Auf meinem Zettelzettel steht zum Beispiel, mit Bleistift geschrieben, sehr krakelig, wahrscheinlich einmal während einer Autofahrt durch Istanbul: »Viele deutsche Juden flüchteten vor den Nazis ins türkische Exil. Die türkischen Behörden stempelten ihnen das dem Deutschen entlehnte »*Haymatloz*« in ihre Pässe.«

»*Haymatloz*« wäre ein guter Buchtitel, und warum ich wohl »Rucksack« daneben notiert habe? Vielleicht weil im Russischen »Rucksack« auch »Rucksack« heißt, so wie »Weltanschauung« im englischen »Weltanschauung«. »*Tischört*« las ich mal auf einem Wühltisch mit Billigklamotten. Steht auch heute auf dem Zettelzettel.

»*Leben kommt aus dem Magen*« und »*bis 1934 waren die Türken namenlos*«. Erst dann, im Zuge der Atatürk'schen Reformen konnte man sich einen Familiennamen aussuchen. Das war ungefähr die Zeit des »Haymatloz-Stempels«. Vielleicht schon bald werde ich den wunderbaren Namen einer Hamburger Bar für eine Geschichte verwenden: »*Crazy Horst*«. Das ist wild, anmutig, verrucht und ulkig. Obwohl: *Anmutig* hab ich wohl nur geschrieben, weil mir das Wort zur Zeit gefällt.

Wenn Ihnen dieser Text zu sprunghaft ist, bin ich ganz bei Ihnen. Aber mal ehrlich, die Idee so eines Zettelzettels ist in den seltensten Fällen ein abgeschlossener Roman. Das Gute an Büchern wie diesem, das Sie in der Hand halten, ist die Möglichkeit, jederzeit umzublättern. Falls Sie aber zum Beispiel selber einen Zettelzettel haben, können Sie unsere beiden Zettel vergleichen oder Ihren erweitern.

Ich weiß noch, dass ich in einem Welser Hotel bei starkem Regen an einem Tisch saß und folgenden Satz las: »In Zentralafrika leben die Aka und Ngandu. Die Männer haben viele Bezeichnungen für Sex, die häufigste ist *Kinder finden*.«

Daran dachte ich heute morgen (jetzt ist es 15:43 Uhr), als ich in Wien am Fleischmarkt vor dem Gynmed-Ambulatorium für Schwangerschaftsabbruch und Familienplanung stand und eine verkniffen im Regen stehende Frau mit einem Plakat um den Hals sah, mit dem sie potenziellen Patientinnen ein schlechtes Gewissen machen wollte. Ich warf ihr den bösesten Blick zu, der mir möglich ist. Ich habe diesen Blick sehr lange mit einem befreundeten Kriminellen geübt, der meinen Naturblick zu freundlich fand. *Anmutig* wäre mir bei ihrem Anblick nicht in den Sinn gekommen, verwachsen und freudlos, wie sie da stand. Menschen in schwieriger Situation ein schlechtes Gewissen zu machen, sollte zu sofortiger Darmgrippe führen. Manchmal findet man Kinder eben nicht. None of the Verwachsenen-Business. Passend dazu auf meinem Zettelzettel: »*Von einer Oberlandlerin kriegsch schwerer ein Bussl als von einer Unterlandlerin ein Kind.*«

Von der gleichen Oberlandlerin notierte ich mir das Wort *weiberleutig*. Sie meinte mich und ich verstand es erst später.

Geldige Leut, auch das kommt von ihr. Worte auf über 2000 Meter.

Peter Sloterdijk entdeckte bei einem Pferdesportbedarf *gebrauchte Hindernisse.* Bestimmt hat er sich das damals auch auf seinen Zettelzettel geschrieben, oder er merkt sich so was, und von Enid Blyton ist der schöne Satz überliefert: *Kritik von Menschen über 12 interessiert mich nicht.*

Sehr oft ärgere ich mich, wenn ich weder meinen Zettelzettel noch irgendeinen Zettel dabeihabe. In Hamburg hörte ich am Flughafen beim Gepäckband einen Mann zu einer Freundin sagen: »Mir war es schon bewusst im Unterbewusstsein!« 25 Minuten lang sagte ich mir den Satz immer wieder auf, damit ich ihn nicht vergessen würde. Endlich fand ich einen Zettel. Zurück ihn Wien übertrug ich ihn auf den Zettelzettel. Und die Wortschöpfungen des indischen Taxifahrers in Hamburg auch.

»*Es gab Überschwimmungen, Fliegten Sie in einem kleinen Fliegzeug?* Und *Bootsmesse in Hamburg, viele Tourissen. Tourissen*

– als ich das hörte, dachte ich an die 70er-Jahre, an einen Tag am Fußballplatz. Es war die Zeit der RAF. Ein Freund kam aufgeregt gelaufen und sagte: »*Habt ihr gehört? Die deutsche Botschaft in Stockholm wurde überfallen. Von Touristen!*«

Da fällt mir auf, dass ich das noch nie auf meinen Zettelzettel geschrieben habe. Prima. Dann mach ichs jetzt.

Für die Eltern was Perverses

Für die Eltern was Perverses. Den Titel zu finden war leicht. Titel finden sich immer. Ein Titel ohne Stück. Wir brauchten erstmal nur einen Titel und ein Foto und einen Pressetext. Ein klassischer Satz im Kleinkunstmilieu, aber vielleicht war das bei Shakespeare nicht anders. »Willi, hast du schon irgendwas? In zwei Monaten ist Premiere!«

»Nur den Titel. Richard III.«

»Öder Titel, aber bitte. Sommernachtstraum war besser, aber gut. Weißt du schon, um was es geht?«

»Nein, wahrscheinlich um Richard III.«

»Ja, würd sich anbieten. Hast du einen Pressetext?«

»Ach, Mensch. Diese depperten Pressetexte. Es liest kein Mensch die Pressetexte, unter anderem weil es keine Zeitungen gibt! Hallo! Wir schreiben das Jahr 1592, soweit ich weiß, wird die erste Zeitung in England 1665 erscheinen und ›London Gazette‹ heißen.«

»Willi, I get your point, aber, wie man hört, erscheint bereits in 13 Jahren die erste Zeitung weltweit in Straßburg. Die ›Relation aller Fuernemmen und gedenckwürdigen Historien‹. Da hätt ich einfach gerne, dass William Shakespeare verdammt noch mal auch eine Presseaussendung zu seinem neuen Stück hat.«

»Presseaussendung, Presseaussendung. Ich hör immer nur Presseaussendung!« Shakespeare roch an seinen Achseln, die streng zurückrochen. »1605 also die erste Zeitung? Und wann gibts endlich Waschmaschinen? Und Deoroller? Und eine gescheite Zahnpflege?« Er bleckte seine modrigen Zähne.

»Keine Ahnung, wovon du sprichst. Ich bin dein Manager, nicht dein Wahrsager. Also, ich warte.«

»Gut. Schreib: »Richard III. – eine Art Massensterben auf der Bühne, echt arg und fast so lang wie Hamlet!« Ich weiß. Das ist eine hundsmiserable Presseaussendung, aber es ist die erste der Welt. Da muss man noch ein bisschen Luft nach oben lassen, außerdem hab ich noch gar nicht angefangen.«

In Relation zu allen vornehmen und denkwürdigen Geschichten der Kunst- und Kulturgeschichte verhält sich »Für die Eltern was Perverses« wahrscheinlich wie ein Krümel zu einem Kuchen, und wenn der spricht, das haben wir gelernt, hat der Krümel zu schweigen. Aber das Grundproblem bleibt gleich. Mein Kollege und ich haben im Frühjahr zugesagt, im Herbst ein Stück aufzuführen. Und nicht nur einmal. Der Titel war schnell da, man lehnte sich zurück, genoss den Sommer, wusch Wäsche, rollte Deos und nutzte alle Finessen der Mundhygiene, aber schrieb nichts. Das Problem des Herbstes ist aber, dass er so schnell auf den Sommer folgt, und plötzlich stand die Agentur vor der Tür und forderte: »Presseaussendung«. Wie beschreibt man aber der Presse nichts? Indem man zum Beispiel aussendet: »Zwei Männer in den schlechtesten Jahren führen ein belangloses Leben am Rande der Stadt und des Nervenzusammenbruchs. Ein Salamanderstall. Eine romantische Koloskopie. Teure Fische und ein unheimlicher Kühlschrank. Nach dem Ende der Burg ein möglicher Neubeginn des deutschsprachigen Theaters. Kosten: derzeit nicht überschaubar.« Mein Kollege nickte es ab, der Agent verdrehte die Augen und ich warte gespannt darauf, ob das Stück vor, während oder nach der Premiere fertig wird.

Das letzte Buch

Ein Freund wachte schweißgebadet auf, weil ihm im Traum klar geworden war, dass er nicht mehr alle Bücher in seinem Leben würde lesen können, die er gerne läse. Er war 50 geworden und in diesem Alter sollte der Bücherstapel des noch zu Lesenden nicht mehr allzu hoch sein. Viele Romane sind zwar kein Hinderungsgrund, mitten im Satz zu sterben, und sie machen den Abgang sogar leichter, aber ich verstehe sein Grundproblem. John le Carré wiederum hat seit etwa 20 Jahren Panik, nicht mehr alles schreiben zu können, was sich in seinem Kopf bereits vorformuliert hat, was meinem Freund wiederum einerlei wäre, weil le Carré nicht mal in der Nähe seines Bücherstapels liegt. Mein Freund hätte die Angst, aus Versehen einen le Carré als letztes Buch zu lesen. Von einem deutschen Selbstmörder ist überliefert, dass er nackt aus dem Fenster sprang, im Arm, als einziges Kleidungsstück, sein Lieblingsbuch. Leider wurde nicht die Information mitgeliefert, um welches Buch es sich handelte. Vielleicht um den Bestseller »Darm mit Charme« oder die Hartz-4-Ausgabe »Arm mit Charme«. Oder Assingers Schrottbuch »Bergab und doch bergauf«? Oder David Foster Wallace's »Unendlicher Spaß«, das mit seinen über 1500 Seiten so schwer ist, dass der Suizidale vielleicht gar nicht durch den Aufprall starb, sondern das Gewicht der Lektüre.

Der Dichter Thomas Brasch schrieb zehn Jahre lang an seinem Lebenswerk, viel hatte er zu sagen, ein Leben wie ein unglaubliches Spektakel. Sein Text war länger als der von Wallace. Wenige Tage vor seinem Tod kürzte er den Text radikal auf 60 Seiten und schmiss den Rest weg. Sein eigener Brutallektor. Von so einem dünnen Roman könnte man nicht erschlagen werden, im physischen oder physikalischen Sinn, inhaltlich schon. Würden alle Bücher nur 60 Seiten haben, hätte mein Freund vielleicht niemals seinen Traum geträumt. Der früher mal in Österreich weltberühmte Musiker Ronnie Urini schrieb lange Zeit an »Die gesamte Geschichte des

Rock'n Roll«. Immer und immer wieder vertröstete er mich. Es sei noch nicht fertig, so viel Recherche, ein Thema wie ein Song mit unendlich vielen Strophen. Dann wurde er doch fertig. Ich war gespannt. Er drückte mir das Manuskript in die Hand. Ich war überrascht. Ich bin kein Musikexperte, aber ich hatte doch mehr als eine halbe DIN-A4-Seite erwartet. Das ist alles?, fragte ich.

Er nickte.

Stéphane Hessel war schon sehr alt, als er seinen Weltbestseller »Empört Euch« schrieb. 32 Seiten. Für Urini ein Wälzer, aber für ihn grenzen wahrscheinlich schon Zweizeiler an Schwafelei. »Empört Euch« erschien 2010, 3 Jahre vor Hessels Tod. Wahrscheinlich hat er sich gedacht, er schreibts schnell runter, weil er seine letzten Tage nicht am Schreibtisch verplempern wollte. 32 Seiten, das genügt, sollen sie sich empören, mir schnuppe. Meine Eltern waren das Vorbild für Jules und Jim, ihr könnt mich alle mal. Er war 93 Jahre alt, als sein Buch, respektive seine Broschüre erschien. Mein Verlag sagt mir immer, Bücher müssen etwas wiegen, sonst denkt die Leserin, es sei nichts wert. Tatsächlich sind 70 Prozent aller Menschen, die Bücher kaufen, Frauen. Und die wählen, scheints, nach Kilo. Vielleicht aus Angst vor einem zu sanften Aufprall auf dem Asphalt vorm eigenen Haus. Von Hessel hat ein Selbstmörder nichts zu erwarten. Wenn da die Wohnung nicht hoch genug liegt, wirds eng. 32 Seiten werden nicht ihr Übriges tun.

Ich träumte jüngst, ein Mann sei aus dem Fenster eines sehr, sehr hohen Hauses gesprungen. So hoch, dass man noch immer nicht sagen könne, ob er bei dem Sprung ums Leben gekommen sei, weil er schon jahrelang im freien Fall war, aber eben noch nicht unten angekommen.

In der Hand einen Zweizeiler. Dessen zweite Zeile durchgestrichen ist.

Don Diego

In einem chinesischen Lokal auf der Argentinierstraße trank ich mit einem Priester aus Buenos Aires bis in den frühen Morgen Reisschnaps. Er sah aus wie Mario Kempes, der sich als Paul Gascoigne verkleidet hatte. Auf seinem Priestergewand waren Ketchupflecken, hinter seinen Brillengläsern pickte von innen Eierspeise. Er sprach für einen betrunkenen Südamerikaner ganz passabel Deutsch, sagte aber durchgehend »Skinesen«, wenn er »Chinesen« meinte. Da auch mein Promillespiegel etwa so viele Nullen hatte, wie Haiders Hypobank Schulden, versuche ich mich jetzt, nach drei Wochen endlich nüchtern, an seine Rede zu erinnern. Er nannte sich Don Diego und war entfernt verwandt mit dem Papst. »Unsere Mütter lebten als Paar in Boca«, erzählte er.

»Aber er ist doch viel älter als, du, Don Diego. Dann ist doch die Papstmama wahrscheinlich eine ganz andere Generation.«

»Ja«, sagte er und schüttete sich eine ganze Reisschnaps-kanne in den gierigen, argentinischen Priesterschlund. »Das war damals ein Skandal. 30 Jahre Altersunterschied. Das war in der Lesbenszene von Buenos Aires damals nicht üblich.«

Ich schüttelte meinen Kopf. »Nur weil eure Mütter miteinander geschlafen haben, seid ihr trotzdem nicht miteinander verwandt. Nicht mal entfernt.«

»Doch«, sagte er. »Glaubs mir einfach. So wie an Ihn.« Er schaute an den Deckenventilator vom »Ostmeer«. Drachen starrten uns an und rote Lampions warfen ein angenehmes Pufflicht auf uns. »Es gibt so vieles, was ihr frommen Schäfchen nicht wisst«, sagte er.

»Ich bin nicht fromm. Ich bin mehrmals aus der Kirche ausgetreten.«

Er schaute mich an wie ein chinesischer einen europäischen Designer, der jahrelang etwas entwickelt hat, was der Chinese in Minuten fälscht. Die Drachen starrten.

»Doch, bist du«, sagte er. »Du glaubst, was wir euch gesagt haben. Der keusche Gott. Quatsch. Hier, die Skinesen, die wissen das vielleicht, aber die Christenheit? Wusstest du, dass Gott vor Maria eine Affäre mit einer Argentinierin hatte? Entfernt verwandt mit Gabriela Sabatini, sah aber aus wie Martina Navrátilová, du verstehst? Gott hatte damals noch Brüste. Sie war eine einfache Kifferin, die ziemlich stoned war, als sie Nordkorea geschaffen hat. Sie waren damals der heißeste Shit in der Lesbenszene von Boca. Aber der Altersunterschied! Naja«, sagte er und trank schnell ein Dutzend Reisschnäpse. »Du kannst es dir vorstellen, die anderen Lesben waren not amused. Ist doch klar. Wenn du so eine Beziehung beginnst, gleichaltrig, dann verlässt dich deine Braut für so ein junges Zitronentörtchen, das macht böses Blut.« Er schaute düster auf den Drachen neben dem Ventilator, der sich, vielleicht hab ich es mir eingebildet, schwanzeinziehend abgewandt hatte.

»Das ist doch Blödsinn«, lallte ich.

»Glaub mir einfach, dass ich das glaub«, sagte Don Diego. »Und ich glaube nicht nur, ich weiß. Das ist eine Stufe näher an der Erleuchtung. Schau mal, die waren damals doch ständig bekifft, aber noch nicht mit diesem sythetischen Scheiß, das war herrliches Andengras. Auf deren Gras haben Generationen von Rindern geschissen, es wiedergekäut und wieder draufgeschissen. Erst dann hat mans geraucht. Beziehungsweise frau. Glaubst du, können mir die Skinesen vielleicht mal wieder einen Topf Reisschnaps bringen? Herrgott nochmal!«

»Okay. Gott war also lesbisch und kiffte, bevor er Maria kennenlernte«, fasste ich zusammen.

»Sie. Bevor sie Maria kennenlernte. Josef sah verdammt gut aus, Gott hatte lange keine Chance. Außerdem kriegte er ständig schwere, vorwurfsvolle Briefe von der Sabatini-Navrátilová aus Buenos Aires nach Nazareth.«

»Schwere Briefe? Hä?«

»Die haben damals noch auf Stein geschrieben. Da kamen ganze wütende Steinbrüche aus Argentinien!« Don Diego lachte und fiel um.

Ich glaubte ihm natürlich kein Wort. Aber als ich nach mehreren Tagen neben ihm im »Ostmeer« aufwachte, sah ich ein Foto aus seinem Priestergewand herausschauen. Darauf sah man eine junge Frau, die aussah wie die Schwester von Mario Kempes und eine sehr viel ältere Frau, die dem Papst wie aus dem Gesicht geschnitten aussah. Beide waren nackt und lachten glücklich.

Das Ende einer intertrophologischen Beziehung

Nachdem meine vegetarische Freundin und ich unsere intertrophologische Beziehung beendet hatten, aß ich drei Kärntner Hauswürste, ein Paar tiefgekühlte Debreziner, Reste eines Schweinsbratens meiner unglaublich dicken und schwerfälligen Vermieterin, eine mehlige Leberwurstsuppe, Hunde, Katzen, einen prorussischen Separatistenfleischhauer aus der Ostukraine, einen seltenen Kakadu, einen störrischen Vogel Strauß, der mir mehrmals den Schnabel mit voller Wucht in beide Augen rammte, dabei las ich von Heinz Strunk den tragischen Witzschmöker »Fleisch ist mein Gemüse«, dann wachte ich auf. Ich war allein im Bett. Die Trennung stimmte also. Auf dem leeren Kopfpolster neben mir lag ein Tofu, auf dem stand mit Lebensmittelfarbe: »Es war schön, aber ich kann auf Dauer nicht mit jemandem schlafen, der Tiere isst, die ein Gesicht haben!« Meine Augen schmerzten. Von den Tränen, die ich um sie vergossen hatte und von dem Vogel-Strauß-Traum. Mein Polster war nass, Tränen oder Leberwurstsuppe. Alles verschwamm. Ich verdammter Scheißfleischfresser hatte es verbockt. Ich trottete traurig zum Kühlschrank. Die Kärntner Hauswürste glotzten mich an. Ich schaute nochmal hin. Nein, die glotzten nicht, noch hatten sie kein Gesicht. In Erinnerung an meine vegetarische Freundin malte ich der Kärntner Hauswurst ein Kärntner Gesicht. Mir fielen nur Jörg Haider und Udo Jürgens ein, weil ich Haider der Wurst nicht antun wollte, entschied ich mich für Udo Jürgens. Ich benutzte die Lebensmittelfarbe, die neben dem Tofu auf dem Nachtkasten stand. Als ich fertig war, steckte ich die Wurst mit dem ehemals einzigen österreichischen Song-Contest-Gesicht in einen weißen Bademantel. Ich war zufrieden. Traurig und zufrieden. Todunglücklich, aber künstlerisch entzückt. Ich heulte, aber klatschte dabei in die Hände. Ich nahm die Lebensmittelfarbe erneut in die Hand und zeichnete auf ein Paar tiefgekühlte Debreziner das Gesicht meiner vegetarischen

Freundin. Meiner vegetarischen Ex-Freundin, vielmehr das Ex-Gesicht meiner vegetarischen Ex-Freundin, aus der Zeit, als sie noch Biofleisch und Fisch aus glücklichem, heimischem Gewässer aß. Einmal hatte ich in einem steirischen Teich bei Stainz ein totes Reh gefunden, das aßen wir auch. Wild aus heimischen Gewässern. Damals waren wir glücklich. Bis so ein schmächtiges Veganerarschloch in unserem Leben auftauchte. Der mich alt fand, weil ich mich wie seine Nazigroßeltern ernährte. Hauswürste und wahllos ertrunkene Tiere, sagte er. Er sprühte Farbe auf jede Hauswurst, die er sah und machte die Wurst auf diese Weise ungenießbar. Ich spuckte ihm im Gegenzug in seinen Dinkelgrießbrei, womit ich für ihn endgültig zu einer Art »KZ-Scherge der Trophologie« mutierte. »Trophologie?« fragte ich. »Das kam schon in der ersten Zeile vor, was heißt das?«

»Ernährungswissenschaft, du Flachwichser«, schrie er mich an und besprayte meine Leberwurstsuppe. Woher er das mit dem Flachwichsen wohl wusste? Hatte meine vegane Freundin ihm das gesteckt? Auf welcher Seite war sie hier eigentlich?

»Auf seiner«, sagte sie und ich spürte, dass sie dabei war, die Seiten endgültig zu wechseln. Auch dass sie mit ihm zu knutschen begann, registrierte ich mit Adleraugen. Hätte ich aus Wut in dem Moment übrigens auch gegessen: Adler. Aber schwer zu bekommen.

Er kam immer öfter zu uns. Die Dreadlocks so staubig, dass die Milben in ihnen leise röchelten. »Morgen, omnivores Arschloch«, begrüßte er mich gern. Ich ließ mir natürlich nicht anmerken, dass ich nicht wusste, dass Omnivore Allesfresser sind. »Dachse sind auch Allesfresser«, sagte ich und sprach »Dachs« bewusst so aus, als käme »Dachs« von »Dach«. »Luchse auch«, fuhr ich fort und sprach »Luchse« bewusst so aus, als käme es von »Luch«. »Dach-se und Luch-se also auch alles Arschlöcher oder was?«, provozierte ich ihn. »Arschloch«, rief er und schüttelte sein Haupthaar. Ein Dutzend erstickter Milben fiel auf den Küchenboden. Er ging auf die Terrasse und hatte mit meiner vegetarischen Ex-Freundin wilden Sex in meiner Hängematte. Nach einigen Tagen verweigerte sie mein sauteures Biofleisch und einen tropfenden Hasen, den ich aus einem Teich gezogen hatte. Sie setzte sich neben den Putzfetzenschädel und starrte mit ihm zusammen an die Zimmerdecke, in der Hoffnung, dass die Natur Nüsse oder Obst herabfallen ließ.

Ich hatte sie sehr geliebt, meine vegetarische Ex-Freundin. Meine Tränen fielen auf den kleinen Udo-Jürgens-Kärntner-Wurst-Bademantel. »Merci, Chérie«, flüsterte ich und machte mich auf den Weg in die Apotheke, um mit einem Jahreshaushalt an Prozac irgendwie die nächsten Stunden zu überstehen.

Menstruation zum Dessert

Es gibt einen Wiener Filmproduzenten, der, wann immer er mich trifft, »Menstruation« sagt. Kein »Hallo«, kein »Wie gehts«, nur »Menstruation«. Kennengelernt haben wir uns vor vielen Jahren bei einem Abendessen. Es gab Schweinsbraten, Knödel und Kraut. Nach dem hervorragenden Essen zog die Gastgeberin eine Leinwand auf und zeigte uns eine einstündige Doku über Menstruation. Mit vollem Bauch sahen wir höflich zu. Als Dessert hatten wir alle wohl etwas anderes erwartet. Dem Filmproduzenten aber hat es offensichtlich nachhaltig den Appetit verschlagen.

Ich bin damals mit einem Taxi nach Hause gefahren und hatte einen leutseligen Taxler, der gebürtiger Afghane war. Wir sprachen über den Schweinsbraten und darüber, dass in seinem Heimatdorf einfach ein Hammel in viele Stücke gerissen und aufs Feuer geworfen wird.

»Einfach ein Tier anzünden«, wenn man hungrig wird, sagte er, »reicht doch. Gabs eine Nachspeise?«

»Ja«, antwortete ich, »einen Film über Menstruation.«

»Das ist gut«, sagte der Afghane. »In meinem Dorf hat meine Nichte gedacht, sie müsse sterben, als sie das erste Mal blutete. Hätte sie den Film davor gesehen, hätte sie sich ihre Angst ersparen können. Aber wir hatten im Dorf keine Leinwand und in Afghanistan ist es am Land eher üblich, zum Nachtisch Halva zu essen. Oder Ferni. Oder Khatei Cookies. Oder Khajoor.«

Er hielt an.

»Ich liebe Nachspeisen«, sagte er. »Ich kann jetzt nicht weiterfahren, ich hab so eine Lust auf was Süßes bekommen. Darf ich Sie einladen?«

Ich hatte mich beim Schweinsbraten aus Vorfreude auf das Dessert zurückgehalten. »Etwas Süßes«, sagte ich, »warum nicht?«

Wir fuhren zu ihm nach Hause. Er wohnte mit seiner Frau und den beiden Töchtern in der Nähe vom Kardinal-Nagl-Platz.

An den Wänden hingen Teppiche und Fotos von Hammeln vor einer Bergkulisse.

»Der Mann hat heute einen Film über Menstruation gesehen«, sagte der Taxifahrer.

»Aha«, sagten seine Frau und die Mädchen.

»Wenn ihr Fragen habt, stellt sie. Er kennt sich jetzt aus. Ich mach inzwischen Ferni. Wo ist das Rosenwasser?«

»Wieso haben sie einen Film über Menstruation gesehen?«, fragte mich seine Frau.

Ich erklärte es ihr.

»Ist das so üblich in Österreich? Wir essen nach dem Hammel immer etwas Süßes«, sagte sie.

»Menstruation ist echt komisch als Dessert«, sagte die etwa zehnjährige Tochter, »reicht doch einmal im Monat.«

»Vielleicht zeigt die Frau mit dem Schweinsbraten den Film auch nur einmal im Monat nach dem Essen«, vermutete ihre kleine Schwester. In der Zwischenzeit hörte ich aus der Küche Kochgeräusche.

»Wir haben noch etwas Hammel. Möchten Sie?«

Ich schüttelte den Kopf.

»Meine Cousine dachte, dass sie sterben muss, als sie die Regel bekam«, sagte die Größere. »Niemand hat sie vorbereitet. Sie hat geweint und mit dem Leben abgeschlossen. Verrückt. Wir sind seit zwei Jahren in Wien und ich hab in der Schule sofort alles erfahren. Das ist gut. Hier weiß jeder Bescheid. Aber ist ja klar, wenn man hier nach dem Essen immer Filme zum Thema sieht.«

Und wir begannen, angeregt über Menstruation, Hammel und das Leben in Afghanistan zu reden. Es waren tolle Gespräche, eine wunderbare Familie. Nach vier Stunden kam der Taxler mit einem herrlichen Brei ins Wohnzimmer.

»Ferni«, sagte er, »Maisstärke, Mandelstifte, Rosenwasser, Milch, Zucker, gehackte Pistazienkerne.«

Es war köstlich. Um 5 Uhr früh fuhr er mich nach Hause.

»Ihre Frau und die Kleinen wissen alles über Menstruation, sagte ich beim Aussteigen.«

»Und Sie jetzt alles über Ferni. Wie schön, dass Sie bei mir eingestiegen sind«, sagte er. Wir gaben uns die Hand. Die Vögel zwitscherten bereits.

Gestern traf ich bei einer Filmpremiere im Filmmuseum wieder einmal den Filmproduzenten.

»Menstruation«, sagte er, als er mich sah.

»Ferni«, antwortete ich zum ersten Mal und er sah mich fragend an.

Doggy Style

Bruna kostet 199,- Euro, ist ein Rottweiler und eine Hundesexpuppe. Als Hund getarnt, mit echtem Fell und so wie der beige Mops Jacqueline und ihre schwarze Freundin Naomi ein mögliches Weihnachtsgeschenk für ihren vor Lust jaulenden Vierbeiner daheim. Mit einer Höhe ohne Kopf von 29 cm sind die Möpse allerdings für Doggen ungeeignet. Herkömmliche (!) Sexpuppen sind nur für eine Hunderasse gedacht, die Plüschpuppen von Hundesexpuppen.de kann jede Hunderasse benutzen. Gerade bei Hunden, die ein gewisses Alter erreicht haben, scheinen Sextoys der Renner zu sein. Als ich von diesem Geschäftszweig der Erotik das erste Mal hörte, dachte ich, die würden aufblasbare Menschenbeine als Sexspielzeug für Hunde verkaufen. Tatsächlich haben sich in meinem Leben derart oft Hunde an meinen Beinen gerieben, dass ich glaube, dass ein Weibchen, das sich an mir reibt, mit Sicherheit schwanger wird. Natürlich, räumt auch der Sexpuppen.de-Betreiber ein, sind Sexpuppen für Hunde keine Dauerlösung. Auch ein Hund wünscht sich einen Partner oder eine Partnerin, fehlt dieser oder diese aber, warten schon Naomi und Jacqueline und Bruna.

Große Aufregung gab es in Österreich, als vor Kurzem eine Linzer Fleischhauerei damit warb, Hunde zu verarbeiten. Hundeschnauzen, Pudelbrüstchen, Dackel-Haxen, Streichwurst vom Chihuahua. Tatsächlich war der Linzer Kötermetzger eine Kunstaktion. Als mein Kollege Grissemann und ich vor Jahren einen Sketch über die Wiener Metzgerei »Dackelblut« sendeten, empörte sich das Land ebenfalls. »Wir sorgen dafür, dass Wien hundstrümmerlfrei wird. Denn merke: Nur ein toter Hund kann nicht scheißen!« So provozierten wir damals die Hundehälfte des Landes. Als ich jetzt Hundebesitzer auf die merkwürdige Internetseite aufmerksam machte, gabs weder Empörung noch ungläubiges Kopfschütteln, sondern großes Interesse.

Kaputte Decken, angesexte Tischbeine, das kennen Hundebesitzer zur Genüge. »Es liegt in der Natur jedes Lebewesens, seiner Sexualität freien Lauf zu lassen, und diesen Gefallen kann ich meinem Hund mit diesem einzigartigen Sexspielzeug für Hunde ermöglichen«, sagte mir ein ORF-Kollege, dem ich von Jacqueline, Naomi und Bruna erzählt hatte, wenige Tage später. »Und das Tolle, die Lieferung der Hundepuppe erfolgt in einer neutralen Verpackung ohne Hinweis auf den Inhalt.«

»Du hast deinem Hund das wirklich bestellt?«, fragte ich ungläubig.

»Ja, Naomi. Einen schwarzen Mops. 54 cm lang, mit Kopf 35 cm hoch. Kostet 139,-Euro. Geiles Biest.«

»Und? Dein Hund Hektor liebt sie?«

»Er auch«, sagte mein ORF-Kollege.

»Auch?«, fragte ich.

»Um herauszufinden, ob der Hund auf Sexspielzeug steht, soll man den Hund in einem geschützten Raum unbeobachtet ausprobieren lassen, was ihm gefällt. Ich hab nämlich auch noch anderes Sexspielzeug gekauft. Da muss man dann dazwischen immer mal nachschauen, wenn eine Verletzungsgefahr des Hundes besteht oder durch ein Jaulen klar wird, dass der Hund sich damit irgendwie unwohl fühlt.«

»Womit? Was um Himmels willen hast du ihm denn bestellt?« Mir wurde schlecht.

»Damit gesundheitlich keine Probleme auftreten, sollte der Besitzer auch vorher kontrollieren, ob der Hund allergisch auf Metalle, Gummi, Kunststoff oder Latex reagiert.«

»Was. Hast. Du. Ihm. Gekauft?«, wiederholte ich.

»Glaub mir, das willst du gar nicht wissen«, antwortete mein Staatsfunkkollege.

Tage später traf ich den deutschen Hundeflüsterer Martin Rüter. Ich erzählte ihm davon. Er kannte den Internetanbieter.

»Ob Hunde Sexpuppen wirklich geil finden? Ich mein, muss es bei denen nicht irgendwie geruchsmäßig auch knistern?«, fragte ich.

Der Hundeprofi nickte. »Solche Hundesexpupen«, sagte er, «werden in der Regel von den Herrchen benutzt. Hunde stehen da nicht so drauf.«

Als ich das nächste Mal im ORF-Zentrum war und hörte, wie mein Kollege von der vergangenen Nacht schwärmte, und dass »da ganz schön was ging«, sah ich ihn traurig an.

Alle Namen sind dem Autor bekannt

Man siehts mir nicht an, aber manchmal rasiere ich mich. Zum ersten Mal mit 15, mit dem Porzellanrasierer meiner Großmutter, die in meiner Erinnerung bei jedem Kuss stach wie ein Trapper aus den Bergen. Der Porzellanrasierer mit rosafarbenen Applikationen war ihrem dichten Damenbart nicht gewachsen, meinem Adoleszentenwuchs schon. Er riss zwar eher an meinen jungen Härchen, als dass er schnitt, aber nachher war ich glatt rasiert. Was ich, der Wahrheit halber, auch vorher eigentlich schon war. Ich habe also Rasurerfahrung. Zwar nicht wie Andre Hellers Vater, zu dem, laut Sohn, täglich ein Raseur kam, aber immerhin. Ich habe mich schon trocken nass rasiert, also ohne Schaum hab ich an meinem Kinn geschabt, als müsste ich Hornhaut von der Wange raspeln. Ich hab mir in der Türkei mit Zwirn Haarwurzeln einzeln herausreißen lassen, ich schnitt mit Nagelscheren, ich schnitt mit Gartenscheren, ich schnitt mit Gemüsemessern. In den letzten beiden Jahren benutzte ich einen Urlaubsbartschneider. Ein schmales Elektrogerät, das man auf Reisen prima verstauen kann. Leider war der Motor des Rasierers das ganze letzte Jahr über defekt. Er lief und blieb stehen, mal nach Minuten, mal nach Sekunden. Man konnte ihn dann gegen die Handfläche schlagen und er lief kurz weiter, aber komplette Rasuren waren schon lange nicht mehr möglich. Ich rasierte mich also nachts zur Hälfte, am Morgen dann den Rest, soviel der gschissene Reiserasierer halt erlaubte. Ich sah aus, als hätte ich eine bizarre Form von Bartchemo hinter mir oder kreisrunden Haarausfall am Kinn. Endlich trat ich gegen das Schicksal an und kaufte mir ums Eck einen neuen Rasierer. Der Rasierer kostete 39,90 und ich legte 40 Euro auf den Tresen. Der kroatische Verkäufer des Elektrogeschäfts am Rudolfsplatz in Wien gab mir sechs Euro zurück und sagte: »Stimmt so. Sie kriegen Prozente.«

»Warum?«, fragte ich überrascht.

»Weil Sie nicht danach gefragt haben. Sie sind ein Promi, aber wollen nicht bevorzugt behandelt werden, das gefällt mir. Hier wohnen viele Promis, die kommen ständig und verlangen Prozente. Der Dings (Name dem Autor bekannt) zum Beispiel, der hat einen Toaster gekauft und wollte Prozente. Weil er er ist.«

»Aber der Dings (Name dem Autor bekannt und Sie kennen besagten Mann mit Sicherheit auch) verdient doch nicht gerade schlecht«, warf ich ein.

Der Kroate nickte. »Genau. So sind sie, die Promis. Sie nicht. Darum kriegen Sie Prozente, der Dings aber nicht!«

Ich erinnerte mich, dass ein anderer Dings (Name dem Autor ebenfalls bekannt) in einem Autohaus nicht verstehen wollte, warum sich die Autoverkäufer nicht darüber freuten, dass er bereit war, sich von ihnen einen Wagen schenken zu lassen. Dass sich die »Autotrotteln« so eine Chance entgehen ließen, machte ihn fuchsteufelswild und mit Worten konnte er umgehen, der Dings, man hört ihn oft säuseln aus Lautsprechern, so viel sei verraten.

Der Kroate hat sich mir gegenüber richtig und kundenbindend verhalten. Wann immer ich eingeladen werde, kann ich nicht mehr wiederkommen. Ich halts wie König Boris von der Band »Fettes Brot«. Er ist Anhänger des Fußballclubs St. Pauli und geht, wann immer er kann, zu jedem Heimspiel. Aber er geht nicht durch den VIP-Eingang, sondern stellt sich selbstverständlich ganz »normal« an, so, als sei er sterblich wie der Rest der Fans. Boris versteh ich, alle anderen Viertel- und Halbprominenten nicht. Zum Schlimmsten für Menschen mit Peinlichkeitsgefühl gehört es, Fly Niki zu fliegen. Nicht nur wegen der unschlagbar hässlichen Uniformen, die die armen Stewardessen mit großer Souveränität tragen, obwohl jeder Modemuffel sie sich sofort vom Leib reißen und aus dem fliegenden Flugzeug werfen würde. (Zuerst die Schiarchkappen. Das halt ich inzwischen aus. Ich schließ einfach die Augen und stelle mir vor, die Stewardessen dürften Uniformen tragen wie ihre Kolleginnen bei Aegean Airlines oder

Emirates. Schlimmer ist etwas anderes.) Der eigentlich nichts zu verschenken habende Niki Lauda muss irgendwann einmal die Anweisung gemacht haben, jedem, der einem bekannt aus Funk und Fernsehen vorkommt, einen Sekt vorm Start zu servieren. Ob er oder sie will oder nicht, noch betrunken ist vom Vortag oder nicht, trockener Alkoholiker ist mit Riesen-Rückfallpotenzial – egal. Bei Fly Niki wird die bekannte Nase bevorzugt behandelt. Es ist sehr angenehm, in einem vollbesetzten Flugzeug als Einziger einen Sekt zu bekommen und vor allen anderen Zeitungen und Zeitschriften. Die Blicke der Mitpassagiere kann ich nicht beschreiben, weil ich sofort zu Boden blicke und ein »Nein, bitte nicht, vielen Dank« murmele, in der Hoffnung, dass mir das nicht auch von den Mitpassagieren und den schiarchgekleideten Stewardessen als unsagbar undankbare Fernseharschlocharroganz ausgelegt wird. Am Schönsten ist es, wenn ich es schaffe mich totzustellen. Sollen sie doch denken, ich sei noch Opfer zahlloser Drogencocktails, ich tu benebelt. Bei meinem letzten Flug stand neben mir gespieltem Kind vom Bahnhof Zoo gefühlte minutenlang eine Flugbegleiterin mit Schiarchkappe, Sekt in der Hand und schrie ohrenbetäubend: »Der Kapitän fragt, ob sie nach vorn ins Cockpit wollen!«

»Nein, danke«, murmelte ich.

»Was? Sie sollen ins Cockpit kommen!«

Die anderen, das spürte ich, starrten mich an, Mütter hielten ihre Kinder hoch. Schau, Kind, ein Promi.

»Nein, danke«, flüsterte ich, alle Hände vor den Augen, Blick zum staubigen Boden.

»Ins Cockpit!«, schrie sie und da sie keine Anstalten machte, den Cockpitterror zu beenden, resignierte ich, nahm den Sekt und schleppte mich wie ein besoffener und begossener Pudel in den Flugzeugbug. Ein dickes Kind glotzte mich an. »Schau mal, Mama. Der Bart. Ist der krank?«

»Nein, der ist beim ORF!« Aus dem Cockpitfenster schaute ich traurig auf Österreich unter mir und nach der Landung ging ich sofort zum Kroaten, 40 Euro im Anschlag.

Finnische Eier

»I like your movie«, sagte die Finnin in Baden. »It is very funny, a finnish humour.« Ich fragte, ob sie Deutsch könne, sie verneinte. Da der Film aber auf Deutsch ist, frage ich mich, wie sie den Humorgehalt einschätzen konnte. Anhand der Bilder? »Drei Eier im Glas« ist aber kein Stummfilm, Sprache spielt keine kleine Rolle. Vielleicht würde sie, könnte sie Deutsch, den Humor ja estnisch oder serbokroatisch finden, gepaart mit finnischen Bildern. Ich habe überlegt, ihr zu schreiben. Ich kenne ihren Namen nicht und auch nicht ihre Adresse, aber »An die Finnin in Baden« sollte reichen. Ohne die Internationalität Badens infrage stellen zu wollen, denke ich, dass die Gruppe der Finninnen in Baden überschaubar ist. Sie sah auch sehr finnisch aus. Durchsichtigblondes Haar, weiße Haut, ein Nokiablick, der Angst vor Wölfen zeigte. Eine Kaurismäkihaftigkeit in der Körperhaltung, eine von Saunabesuchen zerhitzte Haut. Aber ich bezweifle, dass sie meinen Brief lesen könnte. Nicht nur, weil sie der deutschen Sprache nicht mächtig ist, sondern weil ich gelesen habe, dass finnische Schüler nicht mehr lernen, mit der Hand zu schreiben. Handschrift ist 20. Jahrhundert und dieses dunkle Jahrhundert wollen die Finnen hinter sich lassen. Ich schreibe aber Briefe nicht am Computer, sondern mit der Hand, seit ein Grafologe vor Jahren meiner Handschrift eine selbstbestimme Eleganz bescheinigt hat. Ich weiß, dass auch Hitler mit der Hand geschrieben hat, und dass ich mich schuldig mache, wenn ich, wie er, mit einem Stift schreibe. Todesurteile wurden handschriftlich verfasst, Massenmörder haben Einkaufszettel mit der Hand geschrieben, ich reihe mich also ein in eine Liste von Verbrechern und Despoten. Da machen die Finnen nicht mehr mit, vorwärtsgewandt, wie sie sind. Sie schreiben ausschließlich am Computer, das unterscheidet den gemeinen Finnen also vom gemeinen mitteleuropäischen Kriegsverbrecher. Natürlich wird das Städte wie Tampere und Helsinki verändern, weil auch die Sprayer keine Worte mehr an Wände schreiben können. Der Sprayer »Puber« wäre in Finnland undenkbar. Die finnischen Graffitis werden reine Bilder sein. Bilder versteht der Finne.

Ich saß einmal in einem Bus von Assuan nach Suez. Als Deutscher kaufte ich mir das erste Ticket und legte ein Handtuch über den Platz mit der Nummer 1. Vor mir hing ein Fernseher, der die ganze Nacht über ägyptische Filme zeigte. Um mich herum saßen und standen die anderen Passagiere und reagierten lautstark auf jede Szene. Ich verstand kein Wort, glaube aber, dass es entweder Liebesfilme oder Hassfilme waren. Im Arabischen klingt beides gleich. Jedenfalls wirkten die Filme nicht finnisch auf mich und auch nicht humorvoll. Ich hätte einem der Männer im Kaftan später einen handgeschriebenen Brief schicken können, mit der Frage, was ich da eigentlich stundenlang gesehen habe, aber »An den Mann mit Kaftan« ist in Ägypten keine sehr präzise Angabe. Außerdem sieht meine elegante, selbstbestimmte Handschrift zwar arabisch aus, will aber eigentlich auf Deutsch kommunizieren. In Assuan, in einer Siedlung von Felukenkapitänen, hatte ich zuvor eine Menschenansammlung vor einem Fernseher gesehen. Ich stellte mich dazu, um zu sehen, welche Sensation da übertragen wurde. Es waren Aufnahmen eines tiefverschneiten finnischen Waldes. Andächtig glotzten die Kapitäne auf den Schnee. Da brauchte ich keinen ägyptischen Brieffreund, um zu begreifen, was ich sah. Wald und Schnee sind spektakulär in der Wüste bei großer Hitze.

In meinen Wiener Anfängen hatten wir in unserer Wohngemeinschaft einen kleinen Schwarz-Weiß-Fernseher. Die Antenne war abgebrochen, FS1 und FS2 sahen gleich aus, nämlich wie die Liveübertragung eines Schneesturms. Man konnte nichts erkennen. Trotzdem sahen wir damals alle zusammen einen als spannend eingeschätzten Krimi. Wir hörten den Ton, konnten aber nichts erkennen. Es war wie Radio, nur schlechter. Am Ende kam der Mörder ins Bild. Wortlos. Dann war der Film aus. Resigniert schalteten wir ab. Bis heute habe ich keine Ahnung, wer der Mörder war.

Heute weiß ich, was ich damals hätte sagen sollen. Finnish humour.

Ein finnischer Freund, durchsichtigblond, kaurismäkihafte Statur, hat mir einen finnischen Satz beigebracht, der, laut ihm, reicht, im wortkargen Finnland durch den Winter zu kommen.

Käyhän että tuon kannettavani saunaan?

Ist es in Ordnung, wenn ich meinen Laptop mit in die Sauna nehme?

Pudel sind quadratisch gebaut

Ich habe zwei Versuche gemacht, einen Philosophieschein zu machen. Ich studierte Geschichte, und eine Philosophie-Lehrveranstaltung war verpflichtend. Ich bin im Ruhrgebiet unter Tage ohne Schulbildung aufgewachsen. In Wien versuchte ich es zuerst mit einer Veranstaltung über Lévi-Strauss. Jeans kannte ich. Dass Claude Lévi-Strauss der Begründer des ethnologischen Strukturalismus war, wusste ich nicht und machte mich mit einer ersten Wortmeldung lächerlich. Ich hatte nämlich, wir sprechen über das Jahr 1987, Chinesen kennengelernt, die gefälschte Levi's um 100 Schilling verkauften. Das hatte ich verkünden wollen. Eine, wie ich heute weiß, alberne Wortmeldung. Aus Peinlichkeit ging ich nicht mehr hin und wartete aufs nächste Semester. Schopenhauer. Kannte ich. Zumindest das Kaffeehaus. »Die Welt als Wille und Vorstellung«. Ich wollte und konnte mir vorstellen, jeden Dienstag in die Vorlesung zu gehen. Ein langhaariger Schopenhauerianer erzählte zur Einführung, dass Schopenhauer seit seinem Erwachsenenalter immer einen Pudel hatte. Butz/Atman, den er etwa alle zehn Jahre durch einen neuen ersetzte. Er war davon überzeugt, dass ein Pudel alle Pudel enthielt und vertrat Ähnliches auch für den Menschen. Hier nun folgen meine gesammelten Aufzeichnungen der Schopenhauer-Vorlesung, 1987, an der Universität Wien:

»Pudel sind quadratisch gebaut und bewegen sich stolz und elegant. Ihr Rücken ist kurz und die Bauchlinie anmutig hochgezogen. Ihr Gang wirkt tänzerisch und federnd. Die Rute sitzt hoch und wird gerade nach oben oder über den Rücken getragen. Der Name ›Pudel‹ kommt vom altdeutschen *Puddeln* und bedeutet *im Wasser planschen*. Ursprünglich waren Pudel Jagdhunde, spezialisiert auf Wasserjagd. Es gibt Harlekinpudel, Showpudel, Zwergpudel, Toypudel, Kleinpudel in der Fehlfarbe Sable, Großpudel, deren Wolle in Schnüre gedreht wird. Apricotfarben gilt als trendig. Das Pudelfell ist fein, wollig, dicht und gekräuselt, unterliegt keinem Jahreszeitenwechsel und wächst fortwährend. Daher die regelmäßige Schur, denn sie haaren nicht. Vor allem Augenbrauen und Barthaare wachsen rasant. Großpudel werden erfolgreich als Katastrophen-, Leichensuch- und Blindenhunde ausgebildet, weil sie überdurchschnittlich lernfähig sind. Der bekannteste Pudel war Munnito II., der im 19. Jahrhundert auf Tournee ging und angeblich buchstabieren und rechnen konnte. *Wie ein begossener Pudel* stammt aus der Zeit, als der Pudel als Jagdhund häufig ins Gewässer springen musste, um das erlegte Flugwild zu apportieren, und deshalb völlig durchnässt zurückkam. Pudel wurden, und das kann man nicht oft genug anprangern, bis in die 50er-Jahre des 20. Jahrhunderts in Paris zur Kanalreinigung durch die Röhren der Kanalisation getrieben ...« (Vortrag bricht ab. Professor kämpft mit den Tränen. Assistent nimmt ihn in den Arm. Die Vorlesung wird abgebrochen.)

Ich packte verwirrt meine Sachen und verließ den Hörsaal. Auf dem Gang lief ich dem Professor in die Arme, der vor einem Semester das Lévi-Strauss-Seminar geleitet hatte. »Diese Chinesen«, sagte er. »Haben Sie zu denen noch Kontakt?« Ich nickte und bekam als Dankeschön meinen Philosophieschein.

Night Frog Walk

Im Sommer war ich in Costa Rica, weil sie Giftpfeilfrösche liebt. Frösche, die Indianer an ihre Pfeilspitze stecken, wenn sie beim Töten auf Nummer sicher gehen wollen. In dem Tierparadies zwischen Karibik und Pazifik war ich nicht wie von der Tarantel gestochen, sondern von der Tarantel gestochen. Die Tarantel war deutlich größer, als ich sie mir in meinen furchtbarsten Träumen vorgestellt hatte. Handtellergroß, aber eher Klitschkoprankendimensionen. Kurz hatte ich sie mit meiner Taschenlampe angeleuchtet, schon stach oder biss sie zu, ich schrie laut in die Urwaldnacht hinein, dann wurde ich ohnmächtig, während meine Begleiterin einen riesenhaften Mandelbaum anstarrte und mich zwischen Pfeilgiftfröschen und Gewehrkugelameisen auf dem feuchten Regenwaldboden vergaß. Der Baum, Heimat des Kreuzworträtselpapageis mit drei Buchstaben Ara, hatte einen Durchmesser von 20 Metern, auf ihm wuchsen Wanderpalmen und Bromelien, Orchideen und moosbedeckte Lianen. Ich wachte auf, mein Fuß war auf die Größe eines Faultiers angeschwollen, glaubte ich. Tatsächlich aber lag ein Faultier auf meinem Fuß. Faultiere gehen nur einmal im Jahr aufs Klo. Jetzt.

Aus meinen geschwächten, vom Todeskampf gezeichneten Mitteleuropäeraugen sah ich meine Freundin in ihrer beigen Indiana-Jones-Funktionskleidung einen Erdbeerfrosch anleuchten und dann einen Blue-Jeans-Frosch fotografieren. Sie war glücklich. Sie liebt eben Frösche, dachte ich, krächzte leise um Hilfe, aber da hatte sie schon den nächsten Frosch entdeckt. Einen Goldbaumsteiger. Grün und schwarz, metallicgrün, neon, wie in Autolack gefallen. Ich versuchte mich zu bewegen, war aber langsamer als die älteste Wanderpalme. Wanderpalmen bewegen sich bis zu einem Meter pro Jahrzehnt, auf der Suche nach Licht. Ich war dazu nicht imstande, ihr Taschenlampenlicht verschwand. Ich spürte die frisbeegroße Tarantel in meinem Haar. Umschlossen von der denkbar schwärzesten Dunkelheit. Um mich herum die kehligen

Schreie geisteskranker Brüllaffen und arroganter Kapuzineräffchen. Mir fiel ein, dass sie mir vor dem von ihr vorgeschlagenen »Night Frog Walk« David Foster Wallace vorgelesen hatte. Dort gefiel ihr die Redewendung, jemand sei »der Fickfehler einer Kirmeshure«. Sie hatte gelacht. Sie hatte auch gelacht, als in »Unendlicher Spaß« eine siebenköpfige Familie ausgelöscht wurde, weil ein Sohn Blausäure geschluckt hatte und alle anderen mit Mund-zu-Mund-Beatmung halfen, wie sie es im Erste-Hilfe-Kurs gelernt hatten. Leider klebte noch Blausäure an den Lippen. Daran musste ich denken, als ich im Urwald lag und vermoderte, so wie altes Holz und verfaulte Farne, zu einem Urkompost. Die Tarantel hatte mich offenbar nur »angestochen«, vermutete ich. Wo war meine Freundin? Las sie den Wallace fertig, während ich verdschungelte? Ich wusste, sie liebte das Buch und war auf Seite 450. Unendlicher Spaß hat aber 1545 Seiten. War ich der Prinz, sie aber auf der Suche nach dem Frosch? Mein linker Arm kribbelte. Herzinfarkt? Das auch noch! Dann: ein lautloser Schuss. Ein schrecklicher ohrenaugengeschmacksnervenbetäubender Schmerz. Mein Arm zerriss. Aus kürzester Entfernung hatte man mich mit einer Kanone beschossen. Ich stöhnte so laut auf, dass die Brüllaffen verstummten. Endlich kam sie gelaufen, die Taschenlampe im Anschlag. Ich, Fickfehler einer Kirmeshure, schrie: »Oh Gott, Schmerzen!«

Sie trat die Tarantel aus meinem Haar, leuchtete mich ab und sagte: »Tropische Riesenameise. Bullet Ant. Gewehrkugelameise. Da krabbeln vier auf dir. Der Stich wird als der schmerzhafteste Insektenstich der Welt bezeichnet.« Sie leuchtete mir ins Gesicht. »Die Schmerzen werden oft so beschrieben, als würde man bei lebendigem Leib verbrennen. Stimmt das?« Ich litt zu sehr, um nicken zu können. Ich fühlte mich wie alle Schmerzpatienten Mittelamerikas zusammen. Als liefe ich mit rostigen Nägeln in beiden Fersen über Lava. »Sieh mal«, sagte sie und hielt mir ihre Kamera vor mein schmerzverzerrtes Gesicht. »Ein Dentrobatis Auratus und ein Rotaugenfrosch. Auf einem Bild!« Meine eigenen Augen waren mindestens so rot wie die des Kackfroschs. Mein Arm fühlte sich an, als wären mehr Flugzeuge in ihn geflogen als damals ins WTC. In dieser Nacht träumte ich davon, aus Versehen Gegengift getrunken zu haben. Im Traum lief ich in Panik in den Urwald, um mich von einer giftigen Schlange beißen zu lassen. Sonst war Costa Rica toll.

Summer of Weddings

Dieser Sommer wird in meinem privaten Geschichtsbuch als der »Summer of Weddings« aufscheinen. Es war unmöglich, länger als vier Tage am Stück zu verreisen, weil immer wieder ein neuer Hochzeitstermin anstand. Eine Art Ringveranstaltung. Anzug an, Anzug aus, Anzug an, Anzug aus. Dazwischen, auch das waren die Ferien, Anzug zum Trocknen raushängen, weil das, was in anderen Ländern Ice Bucket Challenge heißt, bei uns Sommer genannt wird. Mit kaltem Wasser begossen zu werden ohne herausgefordert worden zu sein und ohne guten Zweck, das war, metereologisch gesprochen, dieser Sommer. Raindrops keep smashing on my head. »Verregnet« und »verheiratet«, unter diesen beiden Stichwörtern leg ich den Sommer in meinem Jahrbuch ab. Also unter V. Oder doch unter W? Oder unter VW? Schließlich bin ich mit einem VW Käfer nach Brandenburg gefahren, zwischen zwei Hochzeiten, drei Tage hatte ich Zeit und W würde damit für Wassersuppe stehen. Wassersuppe in Brandenburg, im Havelland. Warum ich bei strömendem, monsuneskem Regen mit einem VW Käfer nach Wassersuppe fuhr? Erstens: Irgendwohin muss man ja fahren. Zweitens wegen meiner adeligen Freundin Frida, die eine direkte Nachfahrin ist des Herrn von Ribbeck zu Ribbeck im Havelland. Ein Birnbaum in seinem Garten stand. Ich setze die Ballade als bekannt voraus. Das ist das Gute, wenn man für eine seriöse Zeitung eine Kolumne schreibt. Man darf einige Dinge als bekannt voraussetzen. Bei »Bild« oder »Österreich« muss man wahrscheinlich auch »Birnbaum«, »Ballade« und »Nachfahrin« erklären.

»Lütt Dirn, kumm man röver, ick hebb 'ne Birn«, rief der nette Ribbeck den Kindern zu und ließ nach seinem Tod einen Birnbaum in seinem Grab pflanzen. »So spendet Segen noch immer die Hand des von Ribbeck zu Ribbeck im Havelland.« Tatsächlich wuchs wohl aus seinem Grab ein Birnbaum, da hat Fontane gar nichts erfunden. 1911 wurde der Baum von einem Sturm umgeworfen, den Stumpf bewahren sie in Ribbeck in der dortigen Dorfkirche auf. Ich kanns bezeugen, ich rollte mit meinem alten VW Käfer durch Ribbeck und hielt beim Stumpf von Fridas Vorfahr. (»Für »Bild«- und »Österreich«-Leser: Vorfahr hat in diesem Fall nichts mit dem VW zu tun und dem »Vorfahren« vor die Dorfkirche.) So ein Stumpf ist prima, aber viel mehr hat Ribbeck nicht zu bieten, gerade für erlebnisorientierte Wahlwiener wie mich. Ich setzte mich also in meinen vom Regen aufgeweichten Käfer und schaute auf die Karte. (Für die »Bild«- und Österreich«-Leser: »Karte« ist so eine Art »Vorfahr« vom Navi.) Mein Finger glitt über »Hundeluft« und »Ohnewitz« und »Kotzen« bis nach »Wassersuppe«. Die Mark Brandenburg hatte mich sofort in ihren Bann gezogen. Ich fuhr los, die Keilriemen quietschten, was sie bei Regen immer tun, und die Scheibenwischer ächzten, wie ein erschöpfter Turnusarzt nach 72 Stunden Dauer-OP. Die herrlichen Alleen Brandenburgs standen rechts und links der holprigen Straßen, wie Zuschauer der Tour de France. Ich fuhr langsamer als ein Radfahrer bei de Tour, war aber auch nicht gedopt. Hundeluft ließ ich rechts liegen, öffnete aber kurz das Seitenfenster und sog die nasse Luft ein, die wie ein nasser Hund roch. Ein Dorf wie ein begossener Pudel, dachte ich und schaltete hoch. Eichenallee, Eichenallee. Ohnewitz. Was für ein trister Ort. Ein Ort wie Mario Barth. Endlich: Kotzen. Der Bürgermeister von Kotzen erklärte mir, während Kotzen davonzuschwimmen drohte, dass sich im Zuge der brandenburgischen Gemeindegebietsreform die Dörfer Kotzen, Kriele und Landin 2003 zur Gemeinde Kotzen zusammengeschlossen hätten. »Warum nicht Kriele oder Landin«, fragte ich. »Das wär doch hübscher«, sagte ich. »Nee, wieso«, antwortete der Bürgermeister von Kotzen und erzählte stolz von der Gründung des Heimatvereins Kotzen 2009. »Mit diesem Schritt soll das Dorfleben wiederbelebt und intensiviert werden. Beim Stadtfest Kotzen gehts rund«, sagte er und ich konnte mir das lebhaft vorstellen. Die 582 Einwohner Kotzens waren bestimmt große Partybiester. Am Wildgehege Kotzen vorbei erreichte ich endlich Wassersuppe.

Ich kaufte sogleich eine Postkarte. »Blick von Wassersuppe auf den Hohennauener See«. Durch den Ort führt die B102 und die für den Öffentlichen Personennahverkehr eingestellte Bahnstrecke Rathenow-Rhinow. Eine stark rauchende und wohl unter Psychopharmaka stehende Frau in einem klitschnassen Wollpullover stand in einer Pfütze Wassersuppes und zeigte mit ihrer vom Regen aufgeweichten bleichen Hand auf die Dorfkirche. »Das ist die ärmste Kirche der Mark Brandenburg«, sagte sie mit zusammengekniffenen Augen.

Ich nickte ehrfürchtig und machte mich aus dem Staub. Zurück ins wunderschöne Österreich. Zur nächsten Hochzeit. Nach Oberösterreich. In Hühnergeschrei heirateten entfernte Freunde.

Miesbach

Zahnärzte sterben früher als andere, weil sie ein Berufsleben lang in angstgeweitete Augen und schmerzverzerrte Gesichter starren müssen. Zahnärzte sind reich, weil sie arm sind an freudvollen Begegnungen. Ausnahmen, wie der Zahnarzt des Grauens im »Marathon Man« von John Schlesinger, bestätigen die Regel. Diese Szene im Film, als Laurence Olivier als der Nazizahnarzt Dr. Christian Szell Dustin Hoffman »behandelt«, gehört zu den einprägsamsten Zahnarztszenen, die Hollywood jemals erschuf. Mein Zahnarzt, Dr. Miesbach, hatte einen hässlichen Namen, viel Geld und einen Beruf, den er hasste. Er war gleichermaßen Opfer, wie ich als Patient. Als er mir die Weisheitszähne zog, schnitt er Grimassen, als bohrte parallel Dr. Szell in seinen Oberkieferknochen. Dr. Miesbach litt. Meine dummen Weisheitszähne waren kugelrund und ließen sich nicht fassen oder sie lagen angewachsen auf dem Knochen. Dr. Miesbach fühlte sich wie der arme Bach in seinem Namen, in seiner Goldbrille spiegelte sich das Unfassbare in meinem Mund, ich schloss die Augen, wie beim Film, doch anders als im Film spielte ich bei diesem Horror ja nicht nur mit, sondern die Hauptrolle. Ich war, trotz Narkose, Dustin Hoffman. »Wirds denn wehtun?«, fragte ich. »Natürlich«, antwortete er. »Sehr.« Wir nickten beide traurig, er steckte mir die Nadel ins Fleisch, seufzte und sah mich aus müden Augen an. »Rund. Oh, mein Gott«, murmelte er beim ersten. Er zog, zerrte, rüttelte und schüttelte, der Blödmann in meinem Kiefer ließ sich nicht packen. »Oh!«, stöhnte ich. »Oh!«, stöhnte Miesbach. Ich machte die Augen, anders als beim Film, kurz auf und sah Blutspritzer auf dem Glas seiner Brille. Miesbach weinte. Dr. Silbermann kam ins Behandlungszimmer, Dr. Silbermann war reich und würde sehr alt werden, weil ihm die Angst seiner Patienten einerlei war. Er war »szellig«, wie Miesbach Kollegen nannte, die nicht mitlitten. »Will der Kamerad nicht raus?«, fragte Silbermann scharf und schob den erschöpften Miesbach zur Seite. Mit einer historisch anmutenden Zange begann er den Zahn zu attackieren. »Storchenschnabel«, sagte Silbermann und meinte die Zange. »Zacke zur Backe!« Ich schrie, ihm wars wurscht. Miesbach wandte den Kopf ab, er schien seinem Tod wieder die Uhr vorzustellen. »Meistens ist das Ziehen schmerzlos. Ich hab mir erst einmal das Handgelenk ausgerenkt!« Silbermann lachte ziegig und hielt mir einen Bein'schen Hebel vor die Nase. »Das ist der Türöffner. Wurzelheber. Damit reiß ich ihn aus seinem Leben, den Hund!« Mir wurde schwindlig, Miesbach jammerte, Silbermann triumphierte. Er riss meinen Kiefer auseinander und hielt das blutende Monstrum kurz darauf in seinen Händen. Silbermann ist heute Zahnarzt von Bayern München. Miesbach, der liebe Miesbach, starb mit 48. Der große Bein'sche Hebel hatte ihn an der Wurzel gepackt. Ich war in Düsseldorf zum Faschingsbeginn am 11.11. an seinem Grab und legte einen Bund Storchschnäbel darauf.

Griff nicht angreifen

Er hatte einmal seinen Hamster in der Kühlschranktür mit der Schnauze eingeklemmt. Der kleine Kiefer brach, Dirkssons Herz auch. Es war das Geräusch eines brechenden Zündholzes. Der Hamster fiepste furchtbar. »Wie alt werden Hamster eigentlich?«, hatte Dirksson einmal einen peruanischen Hamsterzüchter gefragt. »Bei mir werden alle genau 3 Monate alt«, hatte der geantwortet. In Peru liebt man Hamsterfleisch, mein Freund Dirksson bevorzugt seinen Hamster lebendig, außerhalb des Kochtopfs. Dirksson fütterte ihn in den nächsten Wochen mit Brei. Mit einem Zündholz schob er den Brei vorsichtig ins kleine Maul. Hamster und Dirksson blickten sich dabei traurig in die Augen. »Herkules« hatte er das Nagetier getauft, und es schien für den Hamster eine Aufgabe seines Namens zu sein, den Brei mit dem gebrochenen Kiefer zu mahlen. Er wurde immer schwächer.

Dirksson ist zwei Meter 14 groß. Der »Zweivierzehner« heißt er deshalb auch, aber ich nenne ihn Dirksson, weil er aussieht wie Björk, die als Kind in ein Obelix-Zaubertrank-Fass gefallen ist. Er ist Isländer und wiegt so viel wie alle anderen Isländer zusammen. Und weil er vom Alter her mein Sohn sein könnte, erscheint mir Dirksson passend. Seine Freundin Marta wiegt so viel wie einer seiner Unterarme. Ich nenne sie Dirksdottir.

Er nennt mich »Dirk«, was Sinn macht, weil ich so heiße, sie ruft mich mit dem holländischen Diminutiv »Dirkje«, was von ihr aus auch Sinn hat, weil sie fast einen Meter kleiner ist als mein Ziehsohn aus Reykjavík und aus Amsterdam kommt.

»Dirkje, weißt du, warum er den Kühlschrank geöffnet hat?«, fragte sie, als wir beide vom Türrahmen aus beobachteten, wie der nordische Koloss den kleinen Nager behutsam zwangsernährte.

Ich schüttelte den Kopf. »Nein, weiß ich nicht. Ich dachte, er macht gerade Diät«, sagte ich.

Sie lächelte. »Ja, er hat fast zwei Stunden lang Diät gemacht, dann hatte er einen derartigen Fleischappetit, dass er aus dem Eisfach gefrorenes Rindfleisch holte, um es unaufgetaut zu verschlingen. Er biss ins Eisfleisch! Hast du schon mal gefrorenes Rind gegessen, Dirkje?«

»Ich glaube nicht«, antwortete ich.

»Ihm wurde schlecht. Er wollte den Rest Rind zurückstellen, da ists passiert.«

Dirksson nickte. »Ich verfressenes Schwein«, murmelte er. »Wegen mir verhungert Herkules vielleicht.«

Tatsächlich sah Herkules wie ein lebloses Stück Fell aus.

»Herkules sollte erst einmal schlucken, bevor du noch weiter Brei in ihn reinschiebst«, schlug ich vor. Ich kam einfach aus meiner Vaterrolle nicht raus, wenn ich bei Dirksson war. Tatsächlich quoll immer mehr Brei aus dem Hamstermaul.

Der Zweivierzehner wischte vorsichtig die Breimasse von der Hamsterschnauze und seufzte. »Ich mache jetzt wieder eine Diät. Das muss einfach aufhören mit dem vielen Fressen. Ich esse jetzt nichts mehr, was einen Schatten wirft, aus Respekt vor dem Leben. Sonst knall ich ihm in einer Heißhungerattacke vielleicht noch einmal die Kühlschranktür vor den Kopf.«

»Nichts mehr, was einen Schatten wirft? Was isst du denn dann, Dirksson?«

»Alles, aber nachts«, sagte er. Wir lachten. Dann nicht mehr. Der Hamster ließ plötzlich sein Köpfchen hängen.

Dirksson liefen Tränen über seine gewichtigen Wangen. »Er ist nur drei Monate alt geworden, wie bei dem Peruaner«, schluchzte er.

Ich nahm ihn in den Arm, wie Väter es mit ihren Söhnen machen. Dirksdottir half mir. Allein war es unmöglich, ihn und seinen gewaltigen Körper vollständig zu umgreifen. »Meine kleine, kaputte Familie«, dachte ich.

Ich kaufte ihm zum Geburtstag einen neuen Goldhamster. Und ein Magnetschild für den Kühlschrank. »Häng es unter oder über den Griff«, riet ich.

So tat er es. »Griff nicht angreifen«, steht jetzt dort.

Eine Geschichte über Geschichte

Ich war in Sarajevo bei einem Franz-Ferdinand-Konzert und hab mich gefragt, was passiert wäre, wenn Franz Ferdinand wieder erschossen worden wäre.

Der Künstler Flatz hat einen Hund, den er Hitler genannt hat. Was, wenn der einem Bombenattentat zum Opfer gefallen wäre?

Geschichte, diese groteske Hure von Zufälligkeiten und Parallelen. Ich hab sie studiert und wie jeder, der darüber verzweifelt, abgebrochen. Geschichte abbrechen, das hätte der Geschichte selbst manchmal auch besser getan.

Am Karmeliterplatz habe ich mich mit einem alten Rabbi unterhalten (ein Klassiker). »Ist das ein Problem für Sie, dass ich Deutscher bin?«, fragte ich. Er strich sich durch den Bart (der Klassiker, wenn man sich Rabbis ausdenkt) und sagte: »Ich hasse nicht die Deutschen, ich vermisse nur meine Großeltern.« Dann grinste er und fragte mich den alten Britenwitz. »How do you make a nun pregnant? Fuck her.«

Milde mit dem umzugehen, was geschieht, ist als Mittel probat. Als ich als Erwachsener meine Geschichtslehrerin wiedertraf und ihr erzählte, dass ich Geschichte studiert hätte, schaute sie mich an, als hätte ich keinen IQ. Geschichte? »Warum um alles in der Welt hast du Geschichte studiert?«, fragte sie und schüttelte ihren Kopf mit dem Überbleibsel einer Hippiemähne. Das wunderte mich, weil sie mich in der Schule an Geschichtliches herangeführt hatte. Jetzt erst bemerkte ich, dass jeder Altersfleck auf ihrer Haut Verhärmtheit ausstrahlte. Ihr Pullover war alt, die Hose fleckig. Ihr Blick glich dem der Jugendlichen, die im Zug einer schönen jungen Frau gegenübersaßen, die Christopher Clarkes »Schlafwandler« las.

»Was liest du?«, fragten sie und ihre kleinen Ohrringe leuchteten im Gegenlicht.

»Ein Buch über den Ersten Weltkrieg«, sagte die schöne junge Frau.

»Das ist ja krass dick«, sagten die Jungs und schauten fassungslos, wie später meine Geschichtslehrerin. »Warum wartest du nicht, bis das als Film kommt?«

»Weißt du, was Lehrer verdienen?«, fragte mich meine alte Lehrerin am Schwarzenbergplatz, wo ich sie zufällig getroffen hatte, und ich ORF-Unterhaltungspuppe schüttelte mein reiches Geschichtsabbrecher-Haupt. Ein saturierter Arsch, der eine ehemalige Lehrerin trifft.

»Weißt du«, sagte sie, mich noch immer duzend, weil sie mich kannte, seit ich kleiner als Napoleon war, »sagen wir mal so: Wenn ich Bill Gates wäre, wäre ich noch reicher als er, weil ich daneben noch Nachhilfe geben könnte.« Dann fragte sie mich, ob ich für sie einen Job als Sprecherin beim Hörfunk wüsste. Sie hätte eine sehr schöne Stimme, sagte sie.

»Nein, haben Sie nicht«, antwortete ich. »Und Sie sind Deutsche, da sind Sprecherjobs im österreichischen Radio dünn gesät.«

Sie starrte mich an, als wäre sie Amerika während des Vietnamkriegs. Gegen Ende des Krieges. Ihre Altersflecken wirkten noch fleckiger, noch älter.

»Schade«, sagte sie. Dass sie Geschichte für das Ablesen von Irgendetwas eintauschen wollte, machte mich traurig. Bevor sie ging, drehte sie sich zu mir um und sagte: »Vom Flugzeug aus betrachtet sehen die Menschen aus wie Ameisen. Aber wenn man sehr gute Augen hat, sieht man vom Flugzeug aus, dass auch die Ameisen aussehen wie Ameisen.«

Ich sah in ihre Augen hinter den ungeputzten Brillengläsern. »Gehts Ihnen gut?«, fragte ich.

»Ich fühle mich wohl oder übel, ich kann das nicht mehr unterscheiden«, antwortete sie und ging.

Diese Frau hatte mir den 30-jährigen Krieg vor 30 Jahren erklärt. Geschichte ist wie eine in die Jahre gekommene, unglückliche Frau, dachte ich und dachte an meine eigene Geschichte innerhalb der Geschichte, die passiert, während man seine alte Lehrerin trifft.

Wäre jetzt der Hund von Flatz in die Luft geflogen und man würde mich später fragen: »Wo warst du, als Hitler starb?«, würde ich antworten müssen: »Da traf ich meine Geschichtslehrerin und raubte ihr jede Hoffnung, Sprecherin zu werden.« Und sie würde sagen müssen: »Als Hitler in die Luft flog, da traf ich einen ehemaligen Schüler. Alt ist er geworden und ein Unterhaltungsfuzzi ohne jedes Geschichtsbewusstsein.«

Plörre

Den gesenkten »Entschuldigen Sie, dass ich lebe«-Blick schien
er einzufordern, der Ostberliner Kellner, den ich kurz nach
dem Fall der Mauer gefragt hatte, wo, 20 Minuten nach meiner
Bestellung, der Kaffee bliebe. »Bin ich Ihr Sklave, oder was?«,
blaffte er mich an. Schließlich knallte er mir den inzwischen
kalten »Kaffee« auf den Tisch, dass es schwappte, als hätte
es am Tassenboden ein Erdbeben gegeben. Ich nahm einen
Schluck der Ostplörre. Es schmeckte nach dem Ohrenschmalz
von Erich Honecker, wie Kaffeeersatz-Ersatz. Vielleicht hatten
sie nicht Kaffeebohnen, sondern echte Bohnen verwendet.
Der Kellner starrte mich an. Er trug eine Westbrille, die er
wahrscheinlich kurz nach der Errichtung der Mauer von
seinem nicht sehr geschmackssicheren West-Onkel geschickt
bekommen hatte. Eine spießige Wirtschaftswundermuffigkeit
glotzte aus ihren Gläsern und tropfte von ihrem Gestell.

Ich trank unter seinen wütenden Blicken. Im Osten hatte
verkaufsfördernde Freundlichkeit nicht auf dem Unterrichts-
plan gestanden. Arbeiter- und Bauernkellner sind noch nicht
so verhurt wie wir im Westen, dachte ich und würgte die Hass-
brühe hinunter. Ich wollte ihm seinen Triumph nicht gönnen
und ließ mir nichts anmerken.

Wenige Wochen zuvor war ich in Kairo beim österreichischen Kulturattaché gewesen. Ich war in Ägypten, um ein
paar Interviews fürs Radio zu machen und benötigte von
ihm ein Schreiben für den ägyptischen Rundfunk. Ich saß im
Vorraum, ein knapp drei Meter großer nubischer Diener stand
mir gegenüber. Er trug einen hautfarbenen Kaftan und einen
weißen Turban. Der Kulturattaché hatte noch zu tun. Der
Nubier verschwand und kehrte kurz darauf mit einem silber-
nen Tablett zurück. Er stellte mir eine orientalische Tasse auf
den Tisch. Kaffee. Fast schwarz. Ich gab Zucker hinein, rührte
um und nahm einen Schluck. Sofort war mein gesamter
Mundraum voll mit Kaffeesud. Es war türkischer Kaffee. Der
Nubier schaute mich ungerührt an, ich versuchte langsam,

über Minuten, den Sud zu schlucken. Ich tat so, als würde man türkischen Kaffee in Europa genau so zu sich nehmen. Ich hätte unglaublich gern mit Wasser nachgespült, aber ich wollte nicht unhöflich erscheinen. Als ich schließlich dem Attaché gegenübersaß, sagte der in Schönbrunner Deutsch: »Sie haben ja rabenschwoarze Zähnt!«

»Die nehm ich gern in Kauf, für das Schreiben«, antwortete ich. Schwarze Zähne, soll Schlimmeres geschehen. Immer noch besser, als im 9. Jahrhundert etwas vom Pascha von Tripolis zu brauchen. Al-Kaid Hassan Ibn Mohammed hieß er und war blind. Durch seine Behinderung verunsichert, verfügte der Pascha, dass jeder, der sich in seine Gegenwart begeben wolle, sich zuvor die Augen eindrücken lassen müsse. Zu diesem Zweck ließ er eine Erblindungsmaschine herstellen. Es heißt, Ibn Mohammed sei ein sehr einsamer Mensch gewesen. Ihn damals aufzusuchen hieß, dass es wirklich einen triftigen Grund geben musste. Da ging man nicht hin, so wie alte Leute heute zum Arzt, weil einem fad war. Die Erblindungsmaschine zwang die Tripolenser zu unterscheiden zwischen Wichtigem und Unwichtigem.

Man geht ja auch nur zum Wiener Bürgermeister, wenn man Alkohol verträgt.

Der Ossi-Kellner sah aus, als hätte er eine Erblindungsmaschine in seinem Ostkeller stehen. Auch der Kaffee schmeckte, als könnte man von ihm erblinden. Vielleicht war er aus Absinthbohnen gebraut worden. »Könnte ich ein Glas Wasser haben?«, fragte ich ihn. Ich musste den Verwesungsgeschmack irgendwie loswerden.

»Glauben Sie, ich bring Ihnen jetzt hier Wasser, oder was?« Er schüttelte den Kopf. So etwas hatte er ja noch nie gehört, ein Wahnsinn. Bestellt der Gast ein Glas Wasser und will es auch noch zum Tisch serviert bekommen, der feine Herr. »Da drüben ist das Klo. Da gibts Wasser«, sagte er und legte in seinen Blick die ganze Geschichte des Warschauer Pakts.

Ich verließ das Lokal. Für immer. Wie die DDR den Warschauer Pakt. Ich trottete zum Hackeschen Markt. 1990 gab es neben den Hackeschen Höfen ein großes Gurkengeschäft. Ringsum Regale mit Gläsern, in denen eingelegte Spreewaldgurken lagen, unterschiedlicher Größe und Machart.

»Guten Tag, ich hätte gern eine Gurke«, sagte ich. Ein zwar nicht falscher, aber vielleicht überflüssiger Satz, wenn man ein Geschäft betritt, in dem es ausschließlich Gurken gibt. Der Verkäufer wog 200 Ostkilo, also etwa 150 Westkilo und glotzte mich aus traurigen Augen an, die über meterlangen Tränensäcken ein verzweifeltes Dasein fristeten.

»Ich kenn mich bei Gurken nicht so aus, welche würden Sie empfehlen?«, fragte ich freundlich in meinem Westsprech.

»Weeß ick nich, ick ess keene Jurken«, sagte er.

Ich habe einen Traum

Making History. Sagen wir, die Römer wären Antiimperialisten gewesen, hätten nicht die Welt zu erobern getrachtet, sondern in und um Rom so eine Art Kifferparadies errichtet, ähnlich dem Vatikanstaat in heutiger Zeit. Pontius Pilatus wäre nicht Stadthalter in fremden Gefilden gewesen, sondern hätte gegen seine eigenen Rückenbeschwerden eine Gymnastikmethode entwickelt und, in Ermangelung von noch nicht erfundenen weichen Turnmatten, auf Steinplatten Pilateskurse angeboten. Einen Kaiser Augustus hätte es auch nicht gegeben, man hätte, ähnlich wie die Grünen heute, alles basisdemokratisch mit flachen Hierarchien entschieden. Augustus wäre, wie Voggenhuber, vielleicht nicht einmal mehr in wichtige Räte hineingewählt worden. Auf Volkszählungen in Judäa hätten die Römer lächelnd gepfiffen, Josef hätte in Nazareth gemütlich weiterzimmern können. Maria hätte ihm vielleicht erzählt, sie habe gehört, die Hotels in Bethlehem seien die reinsten Ställe. »Gut, dass wir da nicht hinmüssen!«

»Ja, Schatz«, hätte Josef gesagt und gehustet, weil sich die feinen Holzpartikel wie bei allen Mitarbeitern der holzverarbeitenden Industrie unangenehm in den Bronchien eingenistet hätten. »Der wievielte ist heute?«, hätte er vielleicht noch gefragt und wäre sich mit der staubigen Arbeiterfaust durchs staubige Arbeiterhaar gefahren.

»Der 24. Dezember«, antwortete sie. »Wieso?«

Dann holte sie aus dem Schrank den Pilatesstein und machte ihre Übungen. »Hast du gehört? Jahwe hat ein Verhältnis mit Tizita, der Äthiopierin. Er steht auf junge, schwarze Frauen. Sie hat ihm eine Tochter geboren.«

»Unbefleckt?«, fragte Josef und beide prusteten los.

»Bestimmt«, lachte Maria. »Ich kenn das, wenn ihr Männer von unbefleckt anfangt. Nein, sie hatten tollen Sex, obwohl er ja deutlich älter ist als sie. Sie hat eine Tochter bekommen, Mitte November. Die kleine heißt Yeshi und irgendwelche Verwandten aus ihrem Heimatland sind morgens oder so zu ihrer Geburt gekommen und haben Möhren, Gold und Weihrauch gebracht, hab ich gehört.«

»Möhren? Verrückt«, sagte Josef aus der Werkstatt und schlug den letzten Nagel in ein Regal, das er »Billy« nannte. Er schaute es an. Es sah scheiße aus, aber er wusste, damit würde er reich.

»Morgen ist Taufe, sie wird Heidin. Jahwe selber kommt nicht. Arg, zur Taufe seiner eigenen Tochter nicht zu kommen. Aber er hat so viel um die Uhren«, sagte Maria. Josef verdrehte die Augen, sie hatte diese Sprachschwächen, die ihn wahnsinnig machten. Josef grunzte irgendwas. Religion war nicht sein Ding. Er war nicht getauft, also kein Heide. Er glaubte an nichts. Nur an so eine merkwürdige Art von Holzgott, aber bitte: Jedem Tierchen sein Plaisierchen.

»Jesus!«, rief er plötzlich wütend. Jesus hatte wieder in seinem Aramäisch-Diktat eine 3 statt ein E geschrieben. Er schrieb so falsch herum, wie seine Mutter sprach. Jesus war der schlechteste Aramäischschüler in der Nazarether King-David-Grundschule. Jesus schrieb Karpfen statt Krapfen, und wenn er mit seinen Freunden vom Fischen nach Hause kam, fragte seine Mutter Maria: Hast du Krapfen gefangen?«

»Tut mir leid, Daddy.« Jesus war zerknirscht. Er hatte heute schon mehrmals versucht, Wasser in Wasser zu verwandeln, war aber jedes Mal gescheitert. »Ich hab heute einen Blinden gesehen, auf der Straße. Er hat gesagt, die Vögel im Himmel sehen auch nichts und ernten nichts, aber Jahwe ernährt sie doch.«

»Und?« fragte Josef, während er einen Thonetstuhl fälschte. »War er dick, der Blinde?«

»Nein, spindeldürr. Er sah aus wie eins von diesen verhungerten und von Drogen zerstörten Toga-Modells aus Rom.«

»Dacht ichs mir. Hör mal, Jesus. Was willst du eigentlich mal werden? Als Legastheniker kommst du kaum infrage, am Alten Testament mitzuschreiben.«

»Es gibt längst ein Neues«, sagte Jesus. »Yeshi, unsere neue Nachbarin ist ja irgendwie was Besonderes, und in der Schule beten schon die Ersten vorm Essen »komm, Frau Yeshi, sei unser Gast und segne, was du uns beschert hast«. Und am 15. November wollen sie jetzt immer einen Baum ins Haus stellen. Crazy shit!«

Maria kam aus der Küche zurück. » Heut gibts levantinischen Möhreneintopf«, sagte sie. »Was die Jahwes können, können wir auch. Ein altes Beduinenrezept. Sand und Möhren und so eine Art Sesampaste. Schmeckt nicht, ist aber nahrhaft. Und jetzt sag ich euch mal was. Die Priester sind alle dagegen, weil das kleine schwarze Mädchen Yeshi angeblich für die Priesterehe ist. Und ihr wisst ja, obwohl, ihr vielleicht nicht, aber ich, aus leidvoller Erfahrung, dass viele der Priester Sodom und Gomorrha im Kopf, aber alle zehn Plagen in der Hose haben. Eheliche Pflichten? Nix. Denada!«

»Hä?«, sagten Jesus und sein Vater wie aus einem Mund, während 50 000 Heuschrecken durchs Zimmer flogen.

»Naja. Die Blockflötengesichter haben Ebbe im Schritt. Keinen zwischen den Beinen, ihr versteht schon? In Potenz?«

Josef verdrehte die Augen. Jesus notierte sich in seinem Tagebuch: »Bot3nz«.

»Was ich damit sagen will: Diese neue Religion mit der kleinen Yeshi wird sich niemals durchsetzen!«

In diesem Moment zog eine Tizita-Prozession am Haus vorbei. »Gegrüßet seist du, Tizita, voll der Gnade, Jahwe ist mit dir. Du bist gebenedeit unter den Frauen und gebenedeit ist die Frucht deines Leibes, Yeshi.«

»Wie schreibt man gebenedeit?«, fragte Jesus. Da niemand antwortete, notierte er: »gepeneteit«. Sein Notizbuch sollte später in einem Billyregal in einer Höhle am Toten Meer gefunden werden. Die Forscher taten sich sehr schwer. Schon Aramäisch ist kompliziert. Aber das Aramäisch eines Legasthenikers? Zu dem Zeitpunkt waren bereits alle Juden und Moslems zum Yeshismus übergetreten, weil der Yeshismus eine gesunde Mischung aus Therapie, Sex und Humor bildete. Die schwarze Äthiopierin hatte den geilen Monotheismus begründet. Den echten. Gott ist eine attraktive Frau, die dir verzeiht, wenn du mal zu spät kommst. Im Bett und nach Hause. Amen.

Bruchrechnen in der Wüstenklapse

Als ich meinen Roman »Stoß im Himmel« schrieb, in dem ein vertauschtes Schweinsschnitzel zu Glaubenskämpfen führt, ahnte ich nicht, wie schnell Realitäten Fiktion einholen. Jeden Morgen, nach Sonnenaufgang, durchforste ich die Medien nach Neuigkeiten zum Terror. Kann man Isis-Terroristen auf einer Podiumsdiskussion umstimmen? Unter dem Motto »Behaupten statt Enthaupten«? Und wieso klingt *Isis* wie der Name eines Reiseveranstalters? *1001 Albtraumnächte im Nahen Osten mit »Isis dem Dark-Tourism« -Marktführer.* Wer schon einmal im Nahen Osten war, der weiß, dass es dort sehr warm, staubig und landschaftlich eintönig ist. So toll die erste Sanddüne ist, so fad wirds ab der dritten. Welcher dreizehnjährige Berliner, Amsterdamer oder St. Pöltener Rapper fährt freiwillig dorthin, wo er von all den anderen Bärtigen ob der Bartlosigkeit ausgelacht und an einen zahnlosen Scheich als Mädchen zwangsverheiratet wird? Da sehnt man sich schnell danach zurück, daheim, nach dem misslungenen Hauptschulabschluss, jeden Tag die Barbara-Karlich-Show zu schauen. Der Sand knirscht ja so furchtbar zwischen den Zähnen. Aufeinander schießen ist auch nur begrenzt erfreulich. Angst- und Schmerzensschreie sind kein Soundtrack, der es in die Top 10 eines halbwegs bei den Groschen Seienden schaffen kann. Kopfball, so liest man dieser Tage von führenden Medizinern immer wieder, kann zu Demenz führen. Köpfen ist gottseidank oder inschallah noch kein Volkssport, der auf seine negativen Auswirkungen auf den, der es betreibt, hin untersucht worden ist. Aber dass es nicht spurlos an der Psyche vorbeigehen kann, einem anderen Menschen den Kopf abzuschneiden, dürfte common sense sein. Kopfrechnen bekommt im Islamischen Staat eine völlig neue Bedeutung. Liebe Gläubige. Wie wäre es, statt alles, was sich anders als ihr bewegt, umzubringen, einfach mal mit sinnvollen Beschäftigungen? Ich weiß, es ist heiß, staubig und nicht gerecht, dass viele von euch arm sind und ein paar Ölbärte so reich, dass sie das Universum schwarz ausmalen könnten, wenn sie wollten. Aber wie wäre es zum Beispiel damit, richtig zu rechnen statt immer nur abzurechnen? Früher war der Islam doch berühmt für seine Wissenschaft, knüpft da doch wieder an. Ich traf vor ein paar Jahren einen sehr religiösen Ägypter im Sinai. Er hatte einen runden Betfleck auf der Stirn und brachte den Kindern in Taba Rechnen bei. Er war ein stolzer Lehrer und demonstrierte mir seine Fähigkeiten. Ich bin mathematisch keine Leuchte, eher ein defektes Grablicht, aber seine Rechnung verblüffte sogar mich. »Ein Drittel plus ein Drittel ist zwei Sechstel«, dozierte er. »Nein«, sagte ich höflich. »Ein Drittel plus ein Drittel sind zwei Drittel.« Er schüttelte sein Haupt. In Kulturkreisen, wo Köpfe rollen, sollte man immer von Häuptern sprechen, damit, in Zeiten der Verarmung unserer Sprache, auch wirklich jeder begreift, was Enthauptung bedeutet. Es gibt sicher ein paar FPÖ-Wähler, die glauben, dass Enthauptung das politische Ende von Herbert Haupt, dem ehemaligen Frauenminister beschreibt. Rückblickend vielleicht eine der bizarrsten Personalentscheidungen der an bizarren Personalentscheidungen nicht gerade armen schwarzblauen Historie. Enthauptung heißt: Kopf ab, mit dem Messer den Kopf vom Körper trennen, den Hals durchschneiden. Das Richten mit der blutigen Hand. Das einzige Land, das heute noch offiziell Enthauptungen durchführt, ist Saudi-Arabien. Wär vielleicht auch mal ein Kandidat für die Fußball-WM.

»Man muss oben über dem Bruchstrich alles zusammenzählen, also ergibt das zwei und unterm Bruch auch, also ergibt das sechs«, sagte der freundliche Mathematiker. Ich zeichnete ihm einen Kuchen auf und teilte ihn in drei Teile, um ihm anschaulich zu erklären, wieso ich Ungläubiger trotzdem im Recht war.

»Es ist Ramadan«, sagte er und beendete die Diskussion. Nach Sonnenuntergang wollte ich ihn noch einmal besuchen, aus Respekt vor seiner Religion. Aber ich konnte ihn im Gewurle Tabas nicht finden.

Ich hänge an meinem Kopf und er an mir. Ich bezweifele, dass dieser etwas hässliche Brite *Dschihadi John* genug Empathie besitzt, zu ahnen, dass es denen, die er köpft, wie mir geht. Sagen wir mal, dass Dschihadi John wahrscheinlich nicht zu einer Podiumsdiskussion käme. Bei ihm müssen wir wohl davon ausgehen, dass er für die Menschheit verloren ist. Klassischer Fall von Charakteraids. Allah würde ihn auf Facebook nicht als Freund akzeptieren. Jeder Gott würde ihn bestenfalls in eine Wüstenklapse einweisen.

Ich könnte jetzt all denen, die glauben, Glaube reiche als Hinrichtungsgrund, eine Torte malen. Aber das muss ich gar nicht. Einfach mal selber nachdenken. Ganz einfach. Und schon wird aus der Barbara-Karlich-Show das bessere Paradies. Hamdulillah.

Boxen wie Brecht

Ich boxe. Thai, Kick, Klassisch. Erst seit einiger Zeit. Seit ich mich mit den »6 Österreichern unter den ersten 5« als Schriftsteller bezeichnen kann. Mein Trainer heißt Mirko, ist etwas jünger als ich, war bis vor zwei Jahren Türsteher und Boxer, dann kam er zufällig drauf, dass er ein fotografisches Gedächtnis hat, studierte in zwei Jahren Jus und ist jetzt Anwalt und Boxer. Er bemerkte es so spät, weil er vorher nie las. Nur das Schild am Eingang des Clubs, bei dem er die Tür bewachte: »Eintritt für Jugendliche und sinnlos Betrunkene verboten!« Diesen Text kannte er auswendig, aber er dachte, das käme daher, dass er jede Nacht stundenlang daneben stand. Dabei stand er einfach nur jahrelang neben sich. Ich gab ihm damals einen Text von Bertolt Brecht über den Boxer Samson Körner. Die beiden waren befreundet. Brecht liebte das Boxen, er hatte auch das Magazin »Querschnitt« des Berliner Galeristen Albert Flechtheim abonniert, das den Untertitel trug: »Magazin für Literatur, Kunst und Boxsport«. 1921 erschien »Querschnitt« erstmals. In Paris waren damals schon alle Künstler boxbegeistert. Braque, Matisse, Picasso und Rodin fehlten bei kaum einem Kampf, und in Berlin suchten Tucholsky, Ringelnatz und Kisch die Nähe zum Ring. Fritz Kortner schulte an Boxern seinen Blick für Gestik, Mimik und Theatralik (siehe Dominic Heinzl bei seinem einzigen Kampf gegen Sido). Thomas Mann, Ödön von Horváth, alle liebten die Vitalität der Rohheit, den Existenzialismus, das Drama, die Überraschung. Max Schmeling war befreundet mit Heinrich Mann, und Josef von Sternberg und stand George Grosz Modell für ein Gemälde. Max Schmeling schrieb damals in ein Gästebuch: »Künstler schenkt mir eure Gunst, Boxen ist doch auch 'ne Kunst!«

Mirko las den Brechttext, gab mir das Heft zurück und wiederholte den Inhalt. Satz für Satz, Wort für Wort. Ich war verdutzt.

»Du kanntest den Text?«

»Nee!« Mirko kam aus Berlin. Als Piefke und breitschultrig, wirkte er vor dem Wiener Club noch ausladender. Ich fragte ihn weiter ab und er wusste alles auswendig. Den ganzen Boxbrecht konnte er, obwohl er das Heftchen nur durchgeblättert hatte. Beim nächsten Training brachte ich ihm Hemingway mit und Norman Mailer und Joyce Carol Oates. Große Boxfans alle miteinander, und während er sich die Hand bandagierte, zitierte er fehlerfrei aus Hemingways »For Whom the Bell Tolls« und aus Mailers »The Naked and the Dead« und aus Oates' »Big Mouth & Ugly Girl«. Da er kein Englisch konnte, klang es merkwürdig nach einer Fantasysprache, aber Buchstabe für Buchstabe stimmte es.

»Wow«, sagte ich. »Das ist eine ganz besondere Fähigkeit, Mirko. Damit solltest du irgendwas machen!«

»Wat denn, zu Wetten dass? Is doch nix dabei. Keene Kunst«, sagte er, schwer verständlich, denn er trug bereits Mundschutz. Er schlug mir einen Haken an die Leber, nicht so hart, dass ich zu Boden ging, aber hart genug, dass ich sofort meine Deckung wieder aktivierte. »Für mich is det totaler Quatsch. Det janze Jerede über Boxen als Kunstform. Wat soll det?« Seine gerade Rechte pulverisierte meine Deckung. »Für mich ist nur eins wichtig. Mann am Boden, jutet Jefühl!«

Seinen ersten Prozess gewann Mirko nach Punkten.

Panzer und Breit

Panzer und Breit sehen aus, wie sie heißen. Beide sind Aachener Skinheads, die ich in einem der wenigen deutschen Züge traf, die in den letzten streikgeschüttelten Wochen fuhren. »Scheiß Streik«, sagte Panzer, Breit nickte. Mir fiel ein Satz ein, den der jüdische Komiker Oliver Polak zu mir in einem Gespräch über den Bahnstreik gesagt hat. Ich wiederholte den Satz in unserem Bahnabteil. »Die hätten mal vor 70 Jahren streiken sollen bei den Deportationen.«

Panzer und Breit schauten leer. Zu dumm, um aus dem Zug zu winken, so wirkten sie. Beide sind Anfang 30, Panzer ist Bäcker, Breit arbeitet als Fleischer. Sie wirkten niedergeschlagen. Traurige Rechte wirken oft noch trauriger, weil sie ohnehin schon so bemitleidenswert sind. Manchmal denke ich: Warum nicht einfach mal einen grölenden Neonazi in den Arm nehmen. Vielleicht hatten Die Ärzte recht, als sie sangen: »deine Springerstiefel sehnen sich nach Zärtlichkeit«.

Wir fuhren gemeinsam durchs Fichtelgebirge, Oberfranken zog an uns vorbei, ich winkte einem Bauern zu, auch um sie zu ärgern. Sie winkten nicht, konnten ja nicht. Sie waren in Wunsiedel, der Perle im Tal der Röslau, zugestiegen und ausgesprochen schlechter Stimmung.

»Seid ihr immer noch traurig, weil ihr den Zweiten Weltkrieg verloren habt?«, fragte ich.

»Ej«, sagte Panzer. »Ej, seit 25 Jahren marschieren wir durch Wunsiedel, ja?«

»Ja, ej«, ergänzte Breit. »Die Nationale Bewegung. Kameraden aus allen Gauen, ja?«

»Ja, ej«, unterstrich Panzer.

»An deinem Mund hängt ein Stück Currywurst«, sagte ich. »Ist Curry überhaupt arisch?«

»Mach ma weg von der Knabberleiste die Wurst«, befahl Breit seinem Freund. Knabberleiste gefiel mir als Skinslang für Mund.

»Mit Fahnen und Trommeln, vorneweg geht SA-Olaf mit nem Holzkreuz und nem Stahlhelm, dahinter wir alle, ne? Seit über 25 Jahren machen wir das so, das ist wie ein geschriebenes Gesetz!«

»Ungeschriebenes Gesetz«, verbesserte ich und winkte, wie zum Hohn, einer grinsenden Bäuerin zu.

»Wir also, ne? Marschieren. Da fallen uns plötzlich so komische Plakate auf. Und Schilder«, sagte Breit.

»Und die Schweine haben geklatscht. Die buhen sonst immer oder trillerpfeifen oder sagt man pfeifen Triller?« Panzer kratzte sich am Glatzkopf.

»Auf den Schildern stand: Rechts gegen Rechts. Hä? Hab ich mir gedacht und Panzer auch, ne?

»Ja«, erinnerte sich Panzer. »Ich auch: Hä?« Da stand: »Zum ersten Mal in der Geschichte marschieren Neonazis gegen sich selbst!«

»Die Schweine haben einen Spendenlauf aus unserem Marsch gemacht. Für jeden Meter, den wir gegangen sind, wurden zehn Euro gespendet für die Spacken von Exit! Ej! Die haben 10 000 Euro gesammelt!«

Nach vielen Nachfragen erfuhr ich, dass »Exit« ein Aussteigerprogramm für Neonazis ist. Panzer und Breit und alle ihre Freunde waren also unfreiwillig gegen sich selbst durch Wunsiedel marschiert. So machten sich die Neonazis Schritt für Schritt gegen Neonazis stark und finanzierten ungewollt ihren Ausstieg aus der Szene. Der unfreiwilligste Spendenlauf Deutschlands. Das erste Mal in der Geschichte marschierten Neonazis gegen sich selbst. Da hatten 9688 Wunsiedler und Wunsiedlerinnen eine prima Idee. Auf der Landstraße neben der Röslau fuhr ein türkischer Lebensmittelhändler mit Wunsiedler Kennzeichen. WUN-DER 2014.

Ich winkte ihm zu.

Die Kuhnase

Jeder fünfte Mensch ist ein Chinese. Im Witz heißt es: Wir sind in meiner Familie auch fünf. Müsste eigentlich auch einer ein Chinese sein. Aber wer? Mein Vater? Meine Mutter? Mein älterer Bruder? Ich? Oder mein kleiner Bruder Hun-Chin?

Der Witz funktioniert natürlich nur außerhalb Chinas.

In meiner Familie war der Chinese mein Cousin Daniel. Ku-Seng, wie man zu Vettern im Ruhrgebiet sagt. Er hatte Augenschlitze wie Richard Gere, als hätte meine blonde Tante heimlich was mit dem Typen vom Asia-Shop gehabt. »Was Kühe im Gesicht haben, nennt man die Kuhnase, du bist ein Chinese«, sagten wir als Kinder. Daniel war ein Jahr jünger als ich und brachte mir trotzdem das Schuhebinden bei. Peinlich, wenn man als Fünfjähriger einen Vierjährigen braucht, der einem die Welt erklärt. Dafür brachte ich ihm später bei, mit Stäbchen zu essen. Es wunderte mich, dass er es nicht längst konnte.

Zusammen standen wir mit sieben in Bayern und hielten unsere verstaubten Duisburger Kinderlungen in den gesunden Bergwind, indem wir die Münder weit öffneten. COPD und Krupp, so taufte man bei uns in den 70ern noch Kinder. Wir hatten Lungen, die klangen wie rumänische Traktoren. Wenn wir mit dem Roma »Dollar« und dem Sinti »Moro« in Duisburg bei meiner Tante Fußball spielten, waren wir schmutzig, bevor wir den Platz erreichten. Feinstaubkörner, groß wie Golfbälle fand man abends im Haar.

Wir standen also am Zaun und starrten auf die Kuhnasen, mein Chinesencousin und ich. Es roch nach Kuhscheiße und wir wollten nach Hause, doch mein Vater liebte diesen penetranten Stallgeruch. Für ihn war dieser Geruch gleichbedeutend mit Natur und Gesundheit, also allem, was wir im Ruhrgebiet gegen Schwerindustrie eingetauscht hatten, gegen Ende des 19. Jahrhunderts. Pflanzte man in meiner Heimat Blumen, zeigten einem die Stängel den Vogel. Natürlich käme niemals eine Blüte ans Tageslicht, so nah unter Tage. Wie auch.

Pflanzen duckten sich, Tiere jaulten, bis auf die, die unter Tage Loren zogen. Die waren zu entkräftet, um zu jammern. Als man noch dachte, dass Kinder kleingeratene Erwachsene sind, die gut und gern einen 16-Stunden-Arbeitstag aushalten, wuselten in den Schächten und ausgehöhlten Hügeln Tausende von Kindern, die kleinen Finger in die Wände gekrallt, Kohle kratzend. Bei Stockfinsternis. Kinder, die kurz nach der Geburt in tropfenden Höhlen krabbelten oder sich in den Höllen der Stahlwerke Verbrennungen letzten Grades holten, täglich, ohne zu mucken. Aus solchem Stahl waren die Pottmenschen gebrannt. Zum Lesen war es entweder zu dunkel oder zu hell oder zu feucht oder zu heiß. Im Hades einer Industrienation, junge Höllenhunde …

Schon klar, Papi. Sagte ich. Ich kannte diese Geschichten, fand Bayern aber immer noch unsagbar öd. Daniel, der Chinese nickte. Wir wollten ans Meer. Sommerferien müssen warm sein, das wissen Leute wie wir, die aus der niederrheinischen Tiefebene kommen, wo der graue Himmel niedrig hängt, aber nicht legendär. Nordseeklima ohne Wasser.

Die Berge waren für Omas und Opas. Westdeutsche Rentner mit wütenden Wanderstöcken. Vor der Pest der Nordic Walker die Pest der Alpen der 70er und 80er.

Die Kühe stinken, sagten wir.

Quatsch, sie riechen gut. Riecht mal genau. Mein Vater sog die Traunsteiner Bauernhofluft ein. Ich schaute augenverdrehend in eine unbestimmte Richtung, von der ich heute annehme, dass sie nach Österreich wies. Mein zukünftiges Leben. So nah an der Republiksgrenze, hätte ich schon mal vorbeischauen können. Hallo sagen. Sagen, dass mein Vater nervt und an Kuhscheiße schnüffelt. Westdeutscher? Hätte vielleicht ein freundlicher Salzburger gefragt und wissend gelächelt.

Aber das war 14 Jahre vor meinem Umzug nach Wien.

Meine blonde Tante stellte sich zu uns an den Zaun. Schöne Kühe, sagte sie. Geht, sagten wir. Sie sah nicht chinesisch aus. Entweder hatte Gott einen Witz gemacht oder

Daniel war im Krankenhaus vertauscht worden oder meine Tante hatte wirklich mit dem Chef der »Peking Ente« eine Affäre begonnen. Auf der anderen Seite, Daniel sprach perfekt Deutsch und konnte nicht mit Stäbchen essen. Das sprach gegen die Peking-Enten-Theorie.

Neben der Weide stand der Audi mit Duisburger Kennzeichen. DU. Das privateste und freundlichste Kennzeichen Deutschlands. Eine Nummerntafel wie eine Umarmung, sagte meine Mutter. Sie war aus dem Auto gestiegen und umarmte meinen glücklichen Vater, dessen Herz und Nase erfüllt war vom Ochsenschiss.

Schau, sagte meine Mutter. Und schon plumpste der nächste dampfende Haufen auf die Wiese.

Als wüsste die Kuh, dass du heute Geburtstag hast, sagte meine Mutter und gab meinem Vater einen Kuss.

Er lächelte wie eine Schmeißfliege oder ein Mistkäfer, obwohl ich natürlich nicht wirklich glaube, dass die lächeln können.

Papi, alles Gute. Sagte ich. Nicht, dass ich seinen Geburtstag vergessen hätte. Aber ich hatte ihn vergessen. Im Jahr davor, in Italien am Meer, hatte ich ihm alle meine Salamistücke von der Pizza geschenkt, was mir schwerfiel damals, weil ich Salami auf der Pizza liebte. Mein Vater hatte sich sehr gefreut und mich umarmt. Aber hier hatte ich nichts. Ich war schon sieben, längst kein Kind mehr (aus Ruhrpottsoziologisch-historischen Erwägungen heraus) und hatte nicht an den Geburtstag meines Vaters gedacht. Stumm stiegen wir ins Auto. In meiner Erinnerung. Wahrscheinlich haben sich alle im Wagen ganz normal unterhalten, aber mein Herz war schwer. Mein armer Vater. Er lenkte den neuen Audi. Beim Kauf hatte er mir von der Firma Horch erzählt, dass die früher Autos gebaut hätten. Später hätten sie sich umbenannt, in den lateinischen Namen von Horch. Mein kleiner Vater.

Er hatte die Schächte und Stahlöfen seiner Heimat verlassen, hatte Latein gelernt und wusste deshalb um den Imperativ von audire. Hatte studiert, fuhr Audi, liebte Kuhscheiße und hatte einen Sohn, dem der Geburtstag seines Vaters scheißegal zu sein schien. Kuhscheißegal.

In der Nacht im Bauernhof mit Fremdenzimmern weckte ich meinen Chinesencousin. Wir schlichen an den Schweine-Hühner-Gänse-Ziegenställen vorbei. Hier, sagte ich und gab Daniel einen Stock. Ich hatte auch einen in der Hand.

Omma und Oppa, sagte er und lachte. In völliger Dunkelheit tasteten wir uns vorsichtig durch die schluchtige Bergwelt Traunsteins. Immer der Kuhnase nach, sagte Daniel. Bald sahen wir die Weide.

Am nächsten Morgen, die Fenster standen offen in der Stube. Klare Luft kam herein.

Lungen lüften, rief meine Tante. Mein Vater kam herein. Setzte sich. Ein Knutschfleck an seinem Hals? Mutter grinste. Ich auch. Für dich, sagte ich und deutete auf einen Kübel auf seinem Teller. Der Kübel war verpackt. In ein Traunsteiner Tagblatt vom Vortag. Dein Geburtstag steht auf der Titelseite, sagte ich.

Mein Vater schnüffelte an seinem Geschenk. Und grinste über sein ganzes Duisburger Gesicht.

Bauernbundball

Ich saß einmal mit einem Altbauern und einer Jungbäuerin beim Bauernbundball. Beide waren Veganer, und deshalb saßen sie am Rand des Saals, gedisst von der fleischfressenden Mehrheit. Ich war als Komiker engagiert, riss zwei, drei müde EU-Kalauer und verließ mich ansonsten auf mein Repertoire an Getreide- und Gemüsegags. Der Oberbauer vom Bauernbund und der Bauernbeauftragte der Raiffeisen (ein Schweinebauer aus Krems) drückten mir herzlich die Hand, so fest, als melkten sie mich. Ihre schwieligen Bauernhände fühlten sich auf meiner zarten Künstlerhand an wie eine Käseraspel.

Während die »Schladminger Schluchtenscheißer« ihre Mitgrölpolka » I bin i und du bist du« sangen, aßen der Altbauer und die (resche) Jungbäurin »altmodischen Obstkuchen« mit veganer Butter, Soja-Joghurt und Ei-Ersatz. »Haben wir dahoam gebacken«, sagte der Altbauer.

»Wissen Sie, wie man Vegetarier anlockt?« Ich biss in einen Teil der Schlachtplatte, die jeder Kleinstkünstler jeden Tag von den Veranstaltern vorgesetzt bekommt. Käse, Schinken, Extrawurst. Klasse unterliegt Masse. »Man ahmt das Geräusch von verletztem Gemüse nach.«

Die Jungbäuerin sah mich an, wie ein Tierschützer einen Kürschner.

»Vegetarier, das Wort ist ja sehr alt«, witzelte ich in meiner unerträglichen Witzelsucht weiter. »Das Wort kommt aus der Sprache der Neandertaler und bedeutet ›schlechter Jäger‹, wussten Sie das?«

Zwei Bauern vom Nebentisch lachten. Milchbauern der übelsten Sorte, das sah sogar ich Städter.

Ein Schweinebauer aus Gänserndorf schlug mir auf die Schulter. Seine Prachttracht roch nach Stall und geronnenem Blut. »Meine vegetarische Lieblingsspeise sind Tschick«, sagte er.

»Ich schlachte noch mit der Faust«, sagte ein Hühnerbauer, der für seine unglücklichen Hühner berühmt war.

»No-Egg von Orgran. Ein Pulver. Ersetzt die Funktion von

Eiern«, sagte die resche Jungbäurin. Der Hühnerbauer griff ihr betrunken ins Dekolleté. Seine ebenfalls betrunkene Hühnerbäurin trat ihm von hinten in den Schritt und rief: »Futknecht, grindiger!«

Unter Schmerzen brach er besoffen zusammen und spürte die Faust seiner Frau, so wie seine Hühner seine. Sie schlug auf ihn ein, dass die »Schladminger Schluchtenscheißer« sogar ihre Musi unterbrachen. Tracht Prügel statt nur Tracht? Noch einmal trat sie ihm zwischen die Beine.

»Aus der Traum von der Großfamilie«, sagte die vegane Jungbäuerin und empfahl ihm Orgran für das Vakuum im Gemächt.

»I bin i und du bist du«, setzte es wieder ein, und Almbauern schmiegten sich an Fischbauern. Nikolaus Berlakovich, der zum Gaudium aller im Bienenkostüm erschienen war, tanzte mit Christian Konrad, der als Imker verkleidet war.

Die Jungbäuerin und ich gingen in den Keller, wo Ökobauern ein Punkkonzert organisiert hatten. Bulbul spielten, eine großartige Wiener Band. »Dad was a Girl I Liked« hieß der Song. Die Band stand in Hühnerkostümen auf der Bühne. Es war famos.

»Das mit den dummen Witzen eben, das tut mir leid«, sagte ich.

»Mir auch. Willst du ein Stück von dem altmodischen Obstkuchen?«, fragte sie. »Mein Vater hat ihn gebacken. Ein altes, veganes Rezept. Er war auf der Knödelakademie, Mitte der 8oer. Er war damals noch eine resche Jungbäuerin.«

»Wow. Intersexuell und vegan. Sicher schwierig, im Bauernbund«, sagte ich. Der Kuchen schmeckte etwas öd.

»Mein Vater hat sich von ihm getrennt, als er es ablehnte, den Schlachtschussapparat zu bedienen. Wir hatten früher Rinder. Er nahm die Rinder, er die Kinder. Also meine Mutter, die heute mein Vater ist, nahm die Kinder. Mein Vater ist heute Schlachtschussapparatverleiher im großen Stil. Das lehnen wir ab. Willst du mit mir schlafen?«

»Klar«, sagte ich verwirrt und wünschte mich in ein Hühnerkostüm von Bulbul.

Püreelust und Ödön von Horváth

Ich habe Reste eines Osterschinkens im Kühlschrank gefunden, der im Osten der Republik nicht kälter eingestellt wird, aber Eiskasten genannt wird. Eigentlich habe ich fast den ganzen Osterschinken in meinem wohltemperierten Eiskühlkastenschrank gefunden. Ich erinnere mich, dass ich zu Ostern eine unglaubliche Püreelust hatte und die Beilage »Schinken« damals nur angekostet habe. Eine Höflichkeitsportion Schinken, für die man nicht ein ganzes Tier hätte schlachten müssen. Zwischen Eiern und Hasen sagte ich damals: Von mir aus hätt man das Tier leben lassen können. Ich hätt mir ja ein klitzekleines Stück Tier rausschneiden können. Für mich hätts gereicht, und dem Tier wärs vielleicht nicht mal aufgefallen. Ein Schnitzelstanzer wär eine gute Erfindung. Man hält sich ein Rind und stanzt sich aus dem verdutzten Tier kleine Filets heraus, streichelt das Rindvieh und gibt ihm was Gutes zum Wiederkäuen. Das Fleisch wächst dem Viech nach, ein Perpetuum Mobile der Nahrungskette bis zum natürlichen Ende des geriatrischen Paarhufers oder der Paarhuferin. Viel hängt natürlich vom Heilfleisch ab, aber ich bin gebürtiger Rheinländer und denke noch positiv, trotz der vielen Jahre in Wien.

Einem veganen Bekannten, dessen Hund »Tofu« heißt, schlug ich den Schnitzelstanzer als Schritt aufeinander zu vor, aber er winkte ab und schlug mir mit einem Ast, der dicker und größer war als der Pariser, der Ödön von Horváth niedergestreckt hatte, auf den Kopf. Mein veganer Bekannter ist humorlos, was Ernährungsketten betrifft. Er heißt Sylvester Viereck, wie der amerikanische Journalist George Sylvester Viereck, der 1923 als einer der ersten ausländischen Journalisten ein Interview mit Hitler machte. Für die amerikanische Öffentlichkeit war Hitler aber damals so uninteressant, dass keine Zeitung und keine Zeitschrift bereit war, sein Interview abzudrucken. Eine merkwürdige Fehleinschätzung der Amerikaner, die die Angst vor dem, was die NSA aus unseren Telefonaten schließt, erheblich kleiner macht.

Warum ich aber überhaupt Hitler in meinem Schinkenessay erwähne: War Hitler nicht auch Veganer, oder war er einfach nur magenkrank? Ich las kürzlich ein Interview mit dem deutschen Gerichtsmediziner Mark Benecke, der von Hitlers Metallgebiss sprach und von dem furchtbaren Geruch, der folglich aus dem Führerzahnfleisch aufstieg. Ein Bild, das ich kaum mehr vergessen kann, auch wenn ich nicht sicher bin, ob ein Geruch zu einem Bild werden kann. Hitler aß, wie Freund Viereck, keinen Osterschinken. Aber sein schwarzer Schäferhund Muck? Oder dessen Nachfolger Blondi? Schwer vorstellbar, dass Muck und Blondi fleischlos an der Seite des europäischen Schlächters lebten. Sylvester, der nicht einmal mit Fleischfresserinnen Sex haben möchte, selbst, wenn er vor Verlangen schier zu birsten droht, gibt seinem Hund »Tofu« Biofleisch zu essen. Bevorzugt Wild, weil es nicht in Wildbatterien gehalten werden kann, sondern frei lebt, so wie Bambi und ihre Mama, bis ein Jäger kommt und es abknallt. Da japst Tofu vor Wonne, wenn er Bambi verschlingt, und mein Vorschlag, es doch wirklich und ernsthaft mit einer Rehkitzstanze gut sein zu lassen, dem mächtigen Hirschen doch bevorzugt die Stanze in die Flanke zu rammen, als eine Kugel in den Kopf. Das, so Sylvester, seien Gewaltfantasien, die ihn im Viereck springen ließen. Selbst wenn er schwul wäre und ich der einzig mögliche Sexualpartner auf Erden, würde er mich von jeder Bettkante stoßen, so fleischverfressen und bös wie ich sei. Natürlich reagiert er dermaßen erbost, weil das Fressen für den eigenen Hund die Achillesferse eines jeden Veganers ist. Sie argumentieren mit den Instinkten des Hundes und unserer Wahlmöglichkeit. Wir können eben entscheiden, wie wir uns ernähren. Natürlich hätte Sylvester es lieber, wenn er »Tofu« Geld gibt und der sich selber beim Fleischhauer eindeckt mit Dingen, die ihm instinktiv das Wasser im Maul zusammenlaufen lassen. Sylvester wär fein raus. Er deckt sich im Hirse- und Kleeladen mit Ersatzeiweiß ein, während »Tofu« alles einkauft, was Beine, Flossen und Krallen hat. Moralisch wär Sylvester auf der sicheren Seite. Da »Tofu« aber trotz tierischem Eiweiß zu dumm ist, sich im Supermarkt zurechtzufinden, muss Freund Viereck mit spitzen Fingern das Wild angreifen. Mich rührt das so, dass ich, trotz meiner Heterosexualität, zärtliche, fast sexuelle Gefühle für Sylvester empfinde. Er liebt den kleinen »Tofu« und springt über seinen Schatten. Von Henry Picker, einem Zeitzeugen von Hitler und Blondi, ist überliefert, dass man den Eindruck gehabt hätte, es bei Blondi nicht mit einem Hund, »sondern mit einer Maschine zu tun zu haben«. Laut Picker stellte sich die Frage, ob der aus dem Mund nach Maul-und Klauenseuche stinkende Führer bei der Dressur »nicht im Grunde von der Absicht beherrscht wurde, selbst in diesem Tier den eigenen Willen auszulöschen«. Sylvester ist da anders. Mein veganer Bekannter ist der beste Freund des Hundes.

Jenseits in Afrika

In Afrika werden Heime für Alzheimer-Patienten aus Europa gebaut. Jede Nacht werden die Alten vergessen haben, dass sie fern der Heimat sind. Dazwischen werden sie sich in wachen Momenten wundern, aber ihnen ist selten kalt und die Kosten sind tragbar. In Europa muss man Hypo-Banken veruntreut haben, um sich zehn Pflegeminuten für seine Liebsten leisten zu können. Die meisten Alten und Kranken werden im Bedarfsfall einmal im Jahr gewickelt und alle vier Jahre, komplett wundgelegen, umgedreht. Ich bin über 40 und mache mir Sorgen.

Ich gebe gerne zu, dass es diesem Thema ein wenig an Sexyness mangelt. Aber ein Buch mit dem reißerischen Titel *Dreier* muss gerade in publizistischen Krisenzeiten so etwas aushalten können. Während ich über Seniorenwindeln nachdenke, werden zeitgleich alleine im 7. Wiener Gemeindebezirk fast 2000 junge Journalisten entlassen. Weltweit in genau dieser Minute, in der Sie diese Zeilen lesen, an die zwei Millionen. Alles Menschen, die einmal hoffnungsfroh Publizistik studiert haben, mit dem Ziel aufzurütteln, zu entlarven, aufzuklären. Jetzt wurden sie einfach nur rausgeschmissen. Die wenigen, die übrig geblieben sind, müssen für zehn schreiben, womöglich online, also quasi gratis.

Das ist traurig, nicht zuletzt für mich, der ich über 40 bin. Wer von den inzwischen sich von Taubenkot ernährenden Ex-Journalisten wird für mich sorgen können, wenn ich in ein paar Jahren, die sich wie ein paar Minuten anfühlen werden, nicht mehr weiß, ob sich das Magazin, für das ich schreibe, *Wiener* oder *Weiner* schreibt? Ich werde, von Schluchzkrämpfen geschüttelt, mich nicht mehr erinnern können, ob Piefke Deutsche oder Österreicher sind, ob man die Kaffeetasse auf die Untertasse stellt oder umgekehrt, was man mit Tiefkühlgemüse anstellt und wozu man das Wasser in die Badewanne einlässt. Das alles werde ich nicht mehr wissen, tränenüberströmt werde ich auf Zivildiener warten, ohne dass ich es weiß.

Aber die wirds nicht mehr geben, weil wir uns in einer Volksabstimmung dagegen ausgesprochen haben werden. Meine wenigen Blutsverwandten werden keine Hypobanken veruntreut und zu wenig Geheimkonten in Liechtenstein haben, um mir auch nur eine Minute professionelle, medizinische Hilfe bezahlen zu können. Also werden sie mich im Wald aussetzen, eh nicht ohne Skrupel, aber doch. Ich ernähre mich noch kurz, vollkommen orientierungslos, von Pilzen und Hölzern, bis mich ein Rudel Wildschweine jagt und erlegt.

Haben Sie schon einmal einen Angehörigen pflegen lassen? Wahrscheinlich nicht. Sonst könnten Sie es sich nicht mehr leisten, ein Buch zu kaufen. Sie äßen Taubenkot und überfielen Sandler, um ihnen die Schuhe zu stehlen. Als ORF-Star habe ich mir zwar sehr viel Geld zusammengespart, aber auch, wenn ich alles, was ich in den letzten 20 Jahren bei 5000 Radio- und 200 Fernsehsendungen verdient habe (Millionen!!!), einer nicht mal wirklich ausgebildeten, sondern bestenfalls angebildeten Krankenschwester in die Schwesterntracht schüttete, wird sie lachen und mir höchstens beim Schnäuzen helfen. So dement werde ich nie sein können, dass ich das nicht spüre. Zu arm, als dass mir geholfen wird. Dabei verdiene ich das 40-Fache eines Normalbürgers. Wie es also einer Schuhverkäuferin oder einem Fleischhauergesellen oder einem Kältetechniker im Bedarfsfall ergeht, möchte ich mir gar nicht ausmalen müssen. Dafür, dass man auf Bettpfannen angeschnallt um Hilfe und sein Leben schreit, unbeachtet, müsste man mehrmals hintereinander im Lotto einen Solosechser machen. Alle anderen bekommen nicht mal eine Bettpfanne. Von einem Bett ganz zu schweigen.

Also: Afrika. Zwischen Nashörnern und Giraffen das kranke, bleiche Köpfchen in den Himmel recken und sich denken: Ich hab Alzheimer, keine Ahnung wo ich bin. Liebevoll betreut von Massaifrauen, die sich gut mit Naturheilkunde auskennen. Teil sein eines Dorfes. Wo Alte noch geschätzt werden als Bindeglied zwischen den Jungen und den Geistern der Ahnen. Man tapst anerkannt und ohne Plan von

Lehmhaus zu Lehmhaus, Perlen im mit Lehm rot gefärbten Haar.

Und während sich in Europa all die arbeitslosen Journalisten im besten Alter im kalten Februarwind in Parkanlagen mit Altpapier zudecken, wird man sich in Afrika, alt und krank, nackt neben ein Nilpferd setzen und mit Schimpansenbabys spielen, die laut kichern, weil man so viel blöder ist als sie, dement, wie man ist. Hoffen wir nur, dass die Afrikaner mich dann reinlassen, wenns so weit ist. Und mit mir nicht so umgehen, wie wir mit ihnen, wenn sie zu uns kommen wollen.

Epilepsie und Zahnmedizin

Gut, mein Zahnarzt trat in einer Fernsehsendung auf, wo es um Epilepsie ging. Ich wünschte, seine Rolle wäre die des Arztes gewesen. Leider war er Betroffener. Das hätte ich mir natürlich denken können. Denn dass ein Zahnarzt als Talkgast zum Thema »Epilepsie« eingeladen wird, passiert nur, wenn alle anderen abgesagt haben. Zähne schäumen ja nicht bei Epilepsie. Nur beim Putzen.

Ich saß vorm Fernseher und hörte ihm dabei zu, wie er davon berichtete, »in der Regel einen Anfall rechtzeitig zu spüren«. Das machte mich sehr froh. Gerade als Angstpatient ist es gut zu wissen, dass der an Epilepsie leidende Zahnarzt beim Bohren nahe des Mundgewebes und der feinen Schleimhaut im letzten Moment innehält, bevor die Bohrerspitze unkontrolliert in den Schlund jagt.

Für Freunde unverständlich ist es, dass ich weiterhin sein Patient bin. Er weiß zwar nicht, dass ich seinen Fernsehauftritt gesehen habe, noch dazu war es eine Talkshow in einem österreichischen Privatsender, die selbst von Komapatienten als langweilig bezeichnet wird. Eine Talkshow, bei der Kritiker ihre eingeschlafenen Füße beneiden. Ich sah sie und deshalb ihn. Angststarren Blickes.

Gleichzeitig liefen in meinem Kopf die Muster der Korrektheit ab. Er sieht mich nicht. Aber er weiß, dass in der Regel irgendjemand eine Fernsehtalkshow sieht. Die Öffentlichkeit ist beim Fernsehen nicht zwangsläufig ausgesperrt. Er outet sich als Epileptiker und erzählt von den berechtigten sozialen Folgen dieser Scheiß-Krankheit. Dann, am nächsten Tag, zieht er sich den weißen Onkeldoktorkittel an, begrüßt die abwesende Zahnarzthelferin und blickt in ein leeres Wartezimmer?

Epileptisch und ausgegrenzt? Das hielt ich nicht aus. Da war ich emotional zu sehr bei den Groschen, hatte noch genug Tassen im Solidaritätsschrank.

Obwohl ich keine Beschwerden hatte, rief ich am nächsten Tag in der Praxis an. Er hob selber ab. Tatsächlich hatte scheinbar seine Zahnarzthelferin gekündigt. Ich hörte genau hin, ob in seiner Stimme Unsicherheit lag. »The day after Outing« ist ja oft der schwierigste, stellte ich mir vor. Im Moment des Veräußerlichens spürt man ja vielleicht so etwas wie Entspannung, ein »Endlich« löst sich aus der Brust. Jahrelang vor Patienten zu verschweigen, dass man jederzeit mit allem, was man an Spitzem in der Hand hält, von Krämpfen geschüttelt in Stellen bohren könnte, die dafür gar nicht gedacht sind, das stell ich mir belastend vor.

Diese Belastung hatte er durch seinen Auftritt an mich weitergegeben. Ich freute mich für ihn. Aber enorm musste jetzt, nach dem Outing, seine Sorge sein. Wie wird die Welt reagieren? Schaute er sich die Quote der Fernsehshow an? Hoffte er auf hohe Quoten oder auf ein technisches Gebrechen, das die Ausstrahlung verhindert hatte?

Ehrlicherweise will niemand einen Zahnarzt haben, der zuckt. Zahnmedizin ist, weil sie auf kleiner, empfindlicher Stelle verrichtet wird, ohne Vollnarkose, Präzisionsarbeit. Rede ich mir als Angstpatient zumindest gerne ein. Präzision und ein plötzlicher Epilepsieanfall lassen sich in meinem Amateurverständnis nur ganz schwer unter einen Zahnhut bringen. Man möge mich einen Spießer ohne Fantasie halten, für einen Sicherheitsnarren, aber das gebe ich zu.

Ich stellte mir vor, Dr. Kafka müsse sich große Sorgen machen um den Fortbestand des Vertrauens in ihn. Zahnärzte sterben grundsätzlich statistisch als erste Berufsgruppe, weil sie in ihrem gesamten Berufsleben in angsterfüllte Augen blicken müssen. Dieser emotionale Stress führt zu frühem körperlichen Abwinken. Haben also ohnehin schon ängstliche Patienten nicht noch mehr Angst vor einem epileptischen Arzt? So dass sich ihnen die Angst in Panik verwandelt und Dr. Kafka, wenn überhaupt, ununterbrochen in panische Augen blicken muss? Während er gleichzeitig panisch einen nächsten Anfall fürchtet?

Andererseits war ich schon seit Jahren sein Patient. Bevor ich wusste, dass er Epileptiker war. Nichts war geschehen.

Kein Schaum, kein Zucken, kein Ohnmächtigwerden. Oder hatte ich das nur in meiner Zahnarztphobie nicht bemerkt? War ich so sehr mit meinem eigenen Angstanfall beschäftigt, dass ich seinen übersah?

Das soziale Tier sagte am Telefon, ohne mir etwas anmerken zu lassen:

»Tag, Herr Dr. Kafka. Ich bräuchte einen Termin.«

»Notfall?«

»Nein.«

»Kein Problem, heute noch?«

Ich war geschockt und schluckte. Heute? Termine bekam man bei ihm in der Regel in Monaten oder Jahren. Volle Patientenbücher. Nur bei schwersten Notfällen wurde man zwischengeschoben. Es empfahl sich beispielsweise, glaubwürdig von eingerissenen Nebenhöhlen zu wimmern, durch die man bei geöffnetem Schmerzmund die gesamte Stirnhöhle sehen kann. Dann hieß es: »Kommen Sie vorbei, kann aber dauern.«

»Heute?«

»Ja, wenn Sie wollen. Um drei? Oder vier? Oder fünf?«

Offensichtlich hatte der Privatsender mehr Zuschauer, als ich gedacht hatte.

»Das ist ja ungewöhnlich«, sagte ich. »Sind Ferien?«

»Nein«, sagte Dr. Kafka. »Ich war gestern im Fernsehen und hab gesagt, dass ich Epileptiker bin. Haben Sie die Sendung gesehen?«

»Nein«, log ich.

»Deshalb rufen sie an. Meine anderen Patienten haben jetzt offensichtlich kein Vertrauen mehr. Gut, haben wir beide mehr Zeit. Das ist gut, dann kann ich wirklich vor einem Anfall aufhören. Das ging in Wahrheit bisher gar nicht. Volles Wartezimmer, endlos lange Wartelisten, Sie wissen ja.«

»Ja«, sagte ich. »Schön, dass Sie dann jetzt bei Anfällen warten können. Beruhigend.«

»Ja, nicht? Also, um fünf?«

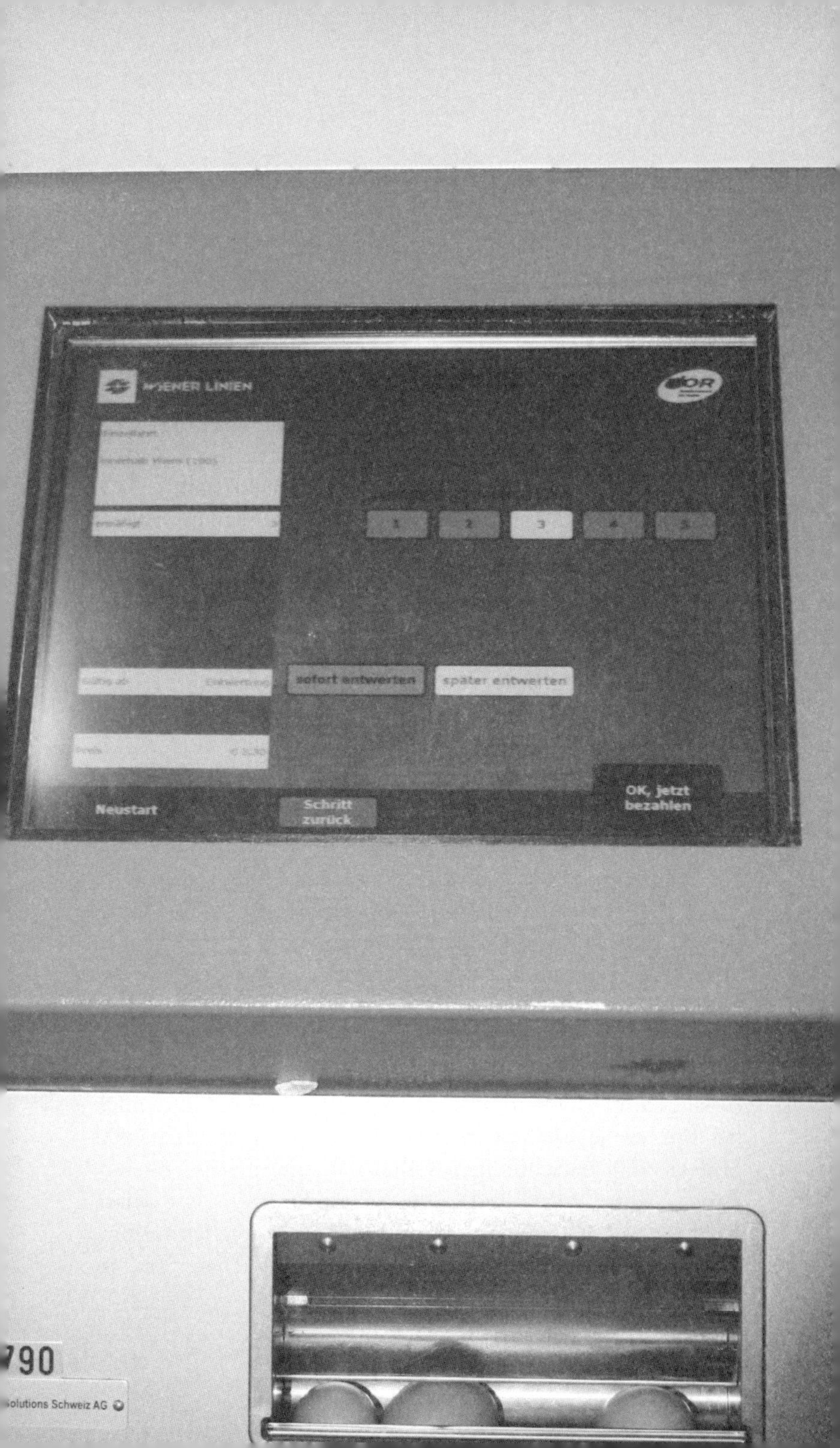

WIENER LINIEN

Einzelfahrt
Innerhalb Wien (100)

einstieg

1   2   3   4   5

gültig ab   Entwertung   sofort entwerten   spater entwerten

preis   € 0,00

Neustart   Schritt   OK, jetzt
                 zurück   bezahlen

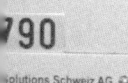
790
Solutions Schweiz AG

Fickhure

Bei David Foster Wallace steht der schöne Begriff »Fickfehler einer Kirmeshure«. Den Sommer über schwirrte der in meinem Kopf herum. In einem Haus in Istrien, in dessen Pool kurz zuvor ein touristisches Kleinkind ertrunken war, saß ich und las mit einem Auge die FM4-Wortlaut-Texte, mit dem anderen überwachte ich Leopold, das einjährige befreundete Kind, das sich weigerte, Schwimmflügel anzuziehen. Seine Eltern waren wahrscheinlich endlich mal am Strand in Ruhe vögeln, solange wollte ich gerne aufpassen.

Klickfehler einer Kirmeshure, dachte ich bald schon. *Klick.* Was für ein bescheuertes Wort. Einmal erst war ich in einer Jury. Young Muslim Creative Contest. Ich habe damals allen Teilnehmerinnen die höchste Punktzahl gegeben. Ich bin ja nicht ein köpfender Allah oder unser strafender Gott. Aber FM4 ist streng und darwinistisch. 20 Texte lesen und dann reihen. Wie Heidi Klum, nur ganz ohne Foto. Fast 1000 hatten eingereicht. Das Kind fiel ins Wasser, ich las den ersten Text und rettete dann das Kind. Ich band das Kind der Freunde an eine Sonnenliege. Es weinte, ich las weiter. 20 Texte. Ich hatte bald meinen Siegertext gefunden. Die Geschichte eines Kleinkindes, das von daheim auszieht und nicht mehr in den Kindergarten geht. Ein Text, der mich an John Fante erinnerte. Ich war mir bereits sicher, den Sieger gefunden zu haben, las aber weiter. Eine Frau zerfiel im nächsten Text in viele Teile, der Bub aus der Steiermark fiel mit der Sonnenliege ins Wasser. Ich Kirmeshure las weiter, nach John Lennon sollte Paul McCartney erschossen werden, ich lachte, das Kind fiel mir ein. Es schaute mich verdutzt an, weil ich es so lange unter Wasser gelassen hatte. Ich entschuldigte mich bei ihm, wie jedermann sich bei unterlassener oder verspäteter Hilfeleistung entschuldigen sollte. Ich legte ihn auf meinen Bauch, vergaß, ihn und mich einzuschmieren, las weiter. Knallrot nach Stunden in der prallen Sonne sagte ich zu ihm, der mich aus leeren Augen knallrot anstarrte: »Dieser Text ist der souveränste. Er spielt in Basra.« Das Kind, wohl zu jung, schaute verständnislos. Ich las ihm einen weiteren Text laut vor. Junge Männer im Urlaub in Kroatien, die sich mit Gummigeschoßen attackieren. Es lächelte, ich grillte uns Cevapčići und mit fettigen Fingern sortierte die Heidi in mir die Texte. Eins bis zehn, die schlechten ins Kröpfchen. Da die Eltern des Kleinen noch immer am Strand waren, sperrte ich ihn ins Klo und joggte zur örtlichen Mülldeponie. Der Weg war menschenleer, herrlich zum laufen. Merke: In der Nähe von Mülldeponien herrscht oft himmlische Ruhe. Die Touristenmassen suchen andere Orte.

Leopold saß bei meiner Rückkehr auf dem kühlen Fliesenboden der Toilette und lächelte. Vor ihm lag der McCartney-Text komplett zerfetzt und halb aufgegessen. Ich nickte ihm zu. »Find ich auch«, sagte ich, nahm ihn auf den Arm und brachte ihm im Pool auch noch das Schwimmen bei. Es ist immer gut, eine zweite Stimme einzuholen.

Dumme Todesarten

Es gibt so dumme Todesarten, dass man lieber sterben würde, als so von der Welt zu gehen. In Tirol, bei Wörgl, sah ich einen Grabstein, der darüber informierte, dass hier, in sanfter Ruh, erdrückt von einer Kuh ein Herr aus Kramsach seine letzte Adresse hat. Gar nicht weit von Wörgl entfernt geschah es vor wenigen Jahren, dass ein Bergsteiger abstürzte, sich die Beine brach und selber schiente, dann den Berg mühsam hinunterrutschte, um schließlich in einem 50 Zentimeter tiefen Bach zu ertrinken. Das Schicksal ist ein Scheusal. Der Schick des bösen Zufalls. Die Geschichten von Menschen, die in Rübenschneidemaschinen geraten oder von Pappkartonzerkleinerer irrtümlich auch für Pappe gehalten werden, reißen nicht ab. In Iowa, nahe der Hauptstadt Des Moines, ging ich aus Recherchegründen für meinen Roman »Stoß im Himmel« über einen Farmerfriedhof, wo ich eine resignative Grabsteininschrift sehr bewunderte. »I knew this would happen«. Der richtigste, traurigste Satz für jeden Grabstein.

Übrigens: Sehr hübsch und fröhlich ist das Grab von Franz West am Zentralfriedhof. Das macht Lust zu sterben. Eine rosafarbene Skulptur, halb Finger, halb Penis. Eine schlichte schwarze Tafel, rosafarben steht dort: *Franz West 1947–2012.*

Unzufrieden dagegen und verbittert ein Grab in der Nähe von London. Ein hässlicher, großer Stein, darauf die Inschrift: *Fuck You! I Asked To Be Cremated Dipshit Now I'm Being Skull Fucked By Maggots!* Wie vorwurfsvoll. Und wie unschön der Gedanke, dass der Totenschädel von Maden gedingst wird.

Ein Freund von mir ist Regisseur und hat den schönen Namen Antonin. Sein Wunsch ist es, dass auf seinem Grabstein einmal ANTONIN mit seinem Geburtsdatum und ANTONOUT mit seinem Todestag stehen soll. Ein schöne Idee. Der Vater meines Kollegen Grissemann, Ernst, trägt ja den Ehrentitel »The Voice«. Wenn mein Kollege Grissemann mal stirbt, fürchtet er, dass auf seinem Stein »The Voicechen« stehen wird.

Ich selber bin schon froh, wenn ich nach meinem Tod nicht den »Darwin Award« zugesprochen bekomme. Biologiestudenten der Stanford University in Kalifornien vergeben diesen zynischen Preis seit 1994 an Menschen, die sich versehentlich töten oder unfruchtbar machen und dabei ein besonderes Maß an Dummheit zeigen.

Fünf Kriterien gilt es als Preisträger zu erfüllen:

Der Preisträger muss aus dem Genpool ausscheiden, also sterben oder unfruchtbar werden. Es muss eine außergewöhnlich dumme Fehleinschätzung der Situation vorliegen, der Preisträger muss sein Ausscheiden selbst verschuldet haben, zurechnungsfähig und über 16 Jahre alt sein, und das Ereignis muss nachweislich stattgefunden haben. Die »Sieger« der letzten Jahre, und selten trifft der Begriff weniger zu, haben alle tatsächlich Situationen falsch eingeschätzt. Ein Rechtsanwalt warf sich gegen eine Scheibe im 24. Stock eines Hochhauses, um die Stabilität der Fenster zu demonstrieren. Das Fenster gab nach, er stürzte aus dem Gebäude und war beim Aufschlag sofort tot. Ein Autofahrer, der sich während eines Staus erleichtern wollte, sprang über eine Leitplanke. Er übersah, dass sich unmittelbar dahinter eine Schlucht befand. Eine junge Frau fuhr bei starkem Regen in eine aus genau diesem Grund gesperrte Straße und stürzte mit ihrem Mofa in einen kleinen, aber reißenden Fluss. Kurz nachdem sie von einem Polizisten gerettet worden war, sprang sie erneut in den Fluss und ertrank. Sie hatte ihr Mofa retten wollen. Zwei Einbrecher planten, einen Geldautomaten aufzusprengen, benutzten aber so viel Sprengstoff, dass das gesamte Gebäude über ihnen einstürzte.

Und dann? Ungeduscht, geduzt und ausgebuht. Wer den Spott hat. Gut, dass nicht alles Dumme, was man im Leben so verbrochen hat, auf den Grabsteinen steht. Es reicht ja wohl, dass man bis in alle Ewigkeit zum Gespött der Götter wird. Da braucht es nicht noch eine schlechte Nachrede von denen, die die Radieschen noch von oben betrachten. Auf meinem Grabstein wird einmal stehen: *I never thought this would happen to me.*

Sauna mit Garten

Freunde haben eine Sauna mit Garten. Ihr Nachbar ein Fenster und ein Fernglas. Die schönsten Schnappschüsse schickt er ihnen mit der Post. Weil man die Schamlippen manchmal nur erahnen und die Muttermale auf den Penissen nur unscharf erkennen kann, schreibt der Nachbar immer entschuldigend, dass er eh kurz davor sei, sich ein besseres Objektiv zu besorgen. Das beruhigt meine Freunde und auch mich. »Den Penis von Ihrem ORF-Bekannten hab ich vergrößern lassen. Könnten Sie mir einen unterschriebenen Abzug zuschicken? Toll, solche Berühmtheiten nackt fotografieren zu können!« Eine Nachricht mit diesem Inhalt klebte auf meinem ORF-Glied. Beziehungsweise auf einem Foto meines ORF-Gliedes. Ich freute mich für den Mann. Ich stellte mir vor, dass sein Leben so trostlos sei, dass auf seinem Grabstein einst die Worte stehen werden: »Ich fotografierte einen berühmten Schwanz, hatte also ein erfülltes Leben.«

Als ich das letzte Mal bei ihnen saunierte, schlug ich vor, Handtücher zu benutzen, wenn wir zwischen den Saunagängen im Garten ausdampften. »Voyeurs Waterloo«, sagte ich. Aber meine Freunde schüttelten resigniert den Kopf. »Wir lassen uns von so einem Spanner nicht vorschreiben, wie wir uns in der Sauna anziehen!«, sagten sie trotzig.

»Eh nicht in der Sauna, nur draußen«, stellte ich richtig, aber sie stellten im Gegenzug in der anschließenden Diskussion ihre Gartennacktheit auf eine Stufe mit Demokratie, Antifaschismus, Frauenwahlrecht, der Unantastbarkeit der Würde des Menschen und allen Errungenschaften der Aufklärung.

»Stimmt«, sagte ich. »Freiheit, Brüderlichkeit, Gleichheit, Nacktheit. Robespierre war Nudist. Wer sich im Garten nicht nackt machte, dessen Monsieur kam unter die Guillotine.«

Wir standen dampfend zwischen den Oleandern, die zu den Hundsgiftgewächsen gehören und immergrüne, verholzende Pflanzen sind, was ich alles weiß, weil meine Freunde sehr stolz auf ihre marokkanischen Oleander sind. Aus der

Nähe der spanischen Enklave Melilla stammen sie und anders als die meisten der menschlichen Flüchtlinge haben es die Oleander übers Meer bis nach Floridsdorf geschafft, wo sie artgerecht den Winter bei fünf bis zehn Grad Celsius verbracht haben. Natürlich nicht im beheizten Wohnraum, um die Gefahr von starkem Spinnmilbenbefall und Vergeilung zu vermeiden.

»Zieht euch bitte was an«, wiederholte ich, »vermeidet so die Vergeilung eures Nachbarn!«

Ich sah hinauf. Er stand am Fenster, die Kamera im Anschlag. Er gestikulierte wild. Ich trat näher in seine Richtung. »Ich habs«, schrie er. »Das neue Objektiv. Ich seh eine Spinnmilbe auf dem depperten Oleander und Sie haben ein Wimmerl am Arsch, da, wo ihr schiarches Handtuch den Schlitz hat!«

Ich drehte mich um, bückte mich, streckte ihm so meinen ORF-Po entgegen und betrachtete den Oleander. »Er hat recht«, murmelte ich. »Der Oleander ist wirklich von diesen Scheißdingern befallen.«

»Er hat auch recht, was deinen Popsch betrifft«, sagte meine Freundin. Sie sah besorgt aus. Wegen dem Oleander, nicht wegen mir. Der Oleander war für sie und ihren Mann Sinnbild für die verflixt gescheiterte Flüchtlingspolitik. Als hätte es das zarte Hundsgiftgewächs ganz allein geschafft, vorbei an allen Zäunen und Mauern die Festung Europa besiegt.

»Findet ihr mein Handtuch schiarch?«, fragte ich. Ich hatte das Handtuch in einem Berliner Secondhandshop gekauft. Das Motiv war ein Stück Saumagen auf dem Weg in Helmut Kohls Mund. »Hungrige Birne« stand unter dem Foto.

Meine nackten Freunde knieten sorgenvoll vor dem marokkanischen Oleander und murmelten Beschwichtigungsformeln. »Wird schon wieder, Kopf hoch, Oleander.«

»Vielleicht waren die Milben schon immer drauf. Schon in Marokko. Dann sind sie auch Flüchtlinge, wenn man so will, und damit ja irgendwie okay«, versuchte ich ihr politisches Gewissen zu aktivieren.

»Wie dein Pickel am Arsch? Hast du den schon in Deutschland gehabt? Mit liebem Gruß von Helmut Kohl und Angela Merkel?«

»Mein Pickel hat die Griechen nicht zum Sparkurs gezwungen und mein Pickel hat keinen Exportüberschuss. Mein Pickel hat eine rein österreichische Geschichte. Und ich finde, ihr solltet dem Mann verbieten, sich auf eure Körper einen runterzuholen!«

Ich schrie die Worte heraus. Ich war wütend. Weil ich schrie, hatte der Nachbar mich gehört.

»Keine Angst, du ORF-Würstel. Dein Wimmerl ist net so geil. Und noch was: Oleander raus aus Österreich!«

»So«, sagte meine Freundin. »Jetzt reichts. Jetzt ruf ich die Polizei. Den Oleander lässt das Schwein in Ruhe. Diese Fremdpflanzenfeindlichkeit lass ich nicht zu!«

Sie rief die Polizei. Später am Abend läutete es an der Tür. Ein Polizist bat mich, ein Autogramm auf das Foto vom Wimmerl auf meinem Po zu schreiben.

Ackersenf und Gauklerblume

»Meiner Erfahrung nach«, sagte der Dreieinhalbjährige, »ist das Blödsinn. Quacksalberei.« Seine beiden Arme waren vergipst. Er hatte seinen betrunkenen Vater huckepack aus einem Gasthaus heimgetragen und war dabei die Strudlhofstiege hinuntergefallen. Ich kannte seinen Vater flüchtig. Ein Zweizentner-Mann mit Schnapsnase und Bierohren. Auf den rechten Gips seines Sohnes hatte sein Vater »Weißwein« gekritzelt, auf den linken »Rotwein«. »Hätte ich noch einen dritten Gips, hätte er wahrscheinlich »Rosé« geschrieben«, lachte der Bub gequält. Er war der abgeklärteste Dreijährige, dem ich jemals begegnet war.

»Das Leben ist kein Wunschkonzert«, sagte er und nickte sich düster zu.

»Was meinst du mit Quacksalberei? Den Gips?«, fragte ich und setzte mich zu ihm. Ein warmer Maitag am Alsergrund. Er saß im Arne-Carlsson-Park neben dem Denkmal für Elsa Brandström. Aus der angrenzenden Schule im Park hörte man Kinderlachen. Er lachte nicht, sondern versuchte, sich mit dem Gips am Kopf zu kratzen.

»Soll ich?«, bot ich an, aber er schüttelte den Kopf.

»Ich fänds befremdlich, fremde Kinder am Kopf zu kratzen«, sagte er. »Obwohl, schön, dass es Sie kratzt, wenn die Kopfhaut anderer Leute juckt. Altruist? Wie die alte Brandström? Der Engel von Sibirien. Außergewöhnliche Frau, Philantropin, große Frau, alte Schwedin!« Er gab dem Denkmal einen anerkennenden Klaps.

Ich blickte mich um, ob ich hier in eine Linguistenfolge von »Verstehen Sie Spaß« geraten war. Aber der kleine Bub war kein Lockvogel, der einen kinderunüblichen Text auswendig gelernt hatte, sondern ein Kind mit Migrations- und offensichtlich Bildungshintergrund.

»Elsa ist fast zeitgleich mit Bach auf die Erde gefallen«, sagte er. Ich sah, dass auf seinem rechten Gips neben dem »Weißwein« auch die hübsche Frage stand:

»Ist jeder seines Glückes Schmied?«

»Bach?«, fragte ich. »Johann Sebastian Bach?«

»Nein, Dr. Edward Bach, der Blütenman. Die Bach-Blütentherapie? Der gemeine Odermennig? Die Espe? Das Tausengüldenkraut? Der Ackersenf, das einjährige Knäuel, der doldige Milchstern, die Waldtrespe? Die gefleckte Gauklerblume?« Er verschluckte sich beinahe an seinem Lachen. »Die Gauklerblume, wie passend, nicht wahr? Placebo ist dagegen Antibiotika. Wussten Sie, dass Bach die Pflanzen *intuitiv* ausgewählt hat? Irre wissenschaftlich, was? Intuitiv auszuwählen, welche positiven Seelenkonzepte diese Pflanzen verkörpern. Er selbst verstarb übrigens mit 50 an Herzversagen. Da hat er wohl eine schlechte Waldrebe erwischt oder sich an der Gauklerblume verschluckt! Das Lustige ist aber dennoch, dass es in Deutschland, dem Esoparadies, einige Krankenkassen gibt, die die Kosten einer Behandlung übernehmen, obwohl keine einzige ernst zu nehmende Studie der Blütentherapie irgendeine medizinische Wirksamkeit nachweisen konnte. Die Übernahme der Kosten wird deshalb auch von den Kassen mit reiner Kundenfreundlichkeit begründet.«

Was für ein unheimliches Kind, dachte ich mir. »Woher weißt du das alles?«, fragte ich.

»Ich hab den »Mondknoten« von Wulfing von Rohr gelesen, diesem Esojournalisten, der auch Engeltage organisiert und Konferenzen für Lichtarbeiterinnen. Er hat die Bachblüten aus ihrem verdienten Schlaf wieder aufgeweckt, und jetzt saufen wir alle diesen ganzen Quatsch. Bis auf meinen Vater, der säuft sinnvoller. Könnten Sie mir bitte fünf Tropfen auf die Zunge tröpfeln?« Er deutete auf ein kleines Fläschchen, das neben ihm im Gras lag. *Gefleckte Gauklerblume* stand darauf.

»Älter als 50 will ich eh nicht werden«, sagte er. »In 47 Jahren werde ich mich umbringen, aber homöopathisch. Diese Chemiebomben hält doch kein Schwein aus. Sieben Liter Lindenblütentee, und man ist auch hin.«

»Ich werde bald 50«, sagte ich.

Das Kind sah mich intensiv an.

»Eben«, sagte er und schob mir das Fläschchen mit der Gefleckten Gauklerblume rüber.

Die Schande von Recife, 2014

Seit Tagen spreche ich rückwärts am Telefon, jeden 2. Buchstaben spreche ich vorwärts, jeden 3. lasse ich aus. So versuche ich, die NSA-Boys zu verwirren. Die Frage ist, wie soll man mit dem Fußballspiel gegen die USA aus deutscher Sicht umgehen? Man spielt ja im Grunde gegen eine deutsche Auswahl, die von zwei Deutschen und einem Österreicher trainiert wird. Ein Bäcker, ein Terrier und ein Herzog. Bei den Amis spielen Deutsch-Amerikaner und Amerikaner, die in Deutschland geboren wurden. Sie heißen Besler oder Beckerman, dann haben sie deutsche Wurzeln oder sie heißen Johnson, Jones und Brooks, dann haben sie amerikanische Wurzeln, kommen aber aus Deutschland. Bei den Deutschen spielen Deutsche mit internationaleren Wurzeln. Im Grunde ist die deutsche Mannschaft eine bunte Weltauswahl, das macht sie sympathisch. In der Hoffnung, dass die NSA das hier nicht liest, möchte ich meinen Vorschlag machen. Von Gijón lernen heißt siegen lernen. Ein Nichtangriffspakt, unter NATO-Verbündeten nichts Ungewöhnliches, dazu findet das Spiel in Recife um 13 Uhr statt, da wird es den armen Kickern niemand verübeln wollen, wenn sie sich in den Schatten setzen, statt in der prallen Sonne zu laufen. Mit den Pfiffen der Zuschauer wird man leben können, Profis werden auch für Pfiffe bezahlt. Anders als in Gijón wird es im Stadion nicht zu Tumulten zwischen aufgebrachten Algerien-Fans und der Polizei kommen, weil die brasilianische Polizei alle Hände voll zu tun hat, die aufgebrachten Brasilianer außerhalb des Stadions zu beruhigen, denen ein abgesprochenes 0:0 wurschter sein wird als ihre wirtschaftliche und bildungspolitische Situation. Weltweit werden die Kommentatoren schimpfen, Jogi Löw wird geistesabwesend in der Nase bohren, was eine seiner zahlreichen Qualitäten ist. Klinsmann wird sich ablenken, indem er sich Backrezepte für den kalifornischen Markt ausdenkt, Andi Herzog wird sich zum wiederholten Male ausrechnen, wann er endlich österreichischer Teamchef wird und Berti Vogts wird sich zum wiederholten Male denken: »Jetzt kommen wir mit den Amis ins Achtelfinale, und es passt den Leuten wieder nicht. Ich könnte übers Wasser laufen und die Leute würden sagen, nicht mal schwimmen kann der Vogts.« Besler, Beckerman, Brooks, Johnson und Jones schmieren sich mit Sonnencreme ein, Khedira, Boateng und Mustafi cremen den kleinen Götze ein. Ein schöner Mittag im schönen Recife. Bis zur 90. Minute. Da soll sich, so mein Plan, der gesichtsgenähte Thomas Müller den Ball nehmen und den Amis in die Maschen hauen. Absprache hin, Absprache her. Klinsmann wird die Semmel aus dem Mund fallen, Herzog wird ungläubig schauen, so wie damals, als ihm sogar ein Schweizer vorgezogen wurde. Deutschland kommt ins Achtelfinale, die Amerikaner ins Flugzeug, zurück nach Los Angeles, beziehungsweise Frankfurt. Der NSA wird man zeitlebens vorhalten: Hättet ihr Blödmänner doch einfach nur den Stermann gelesen!

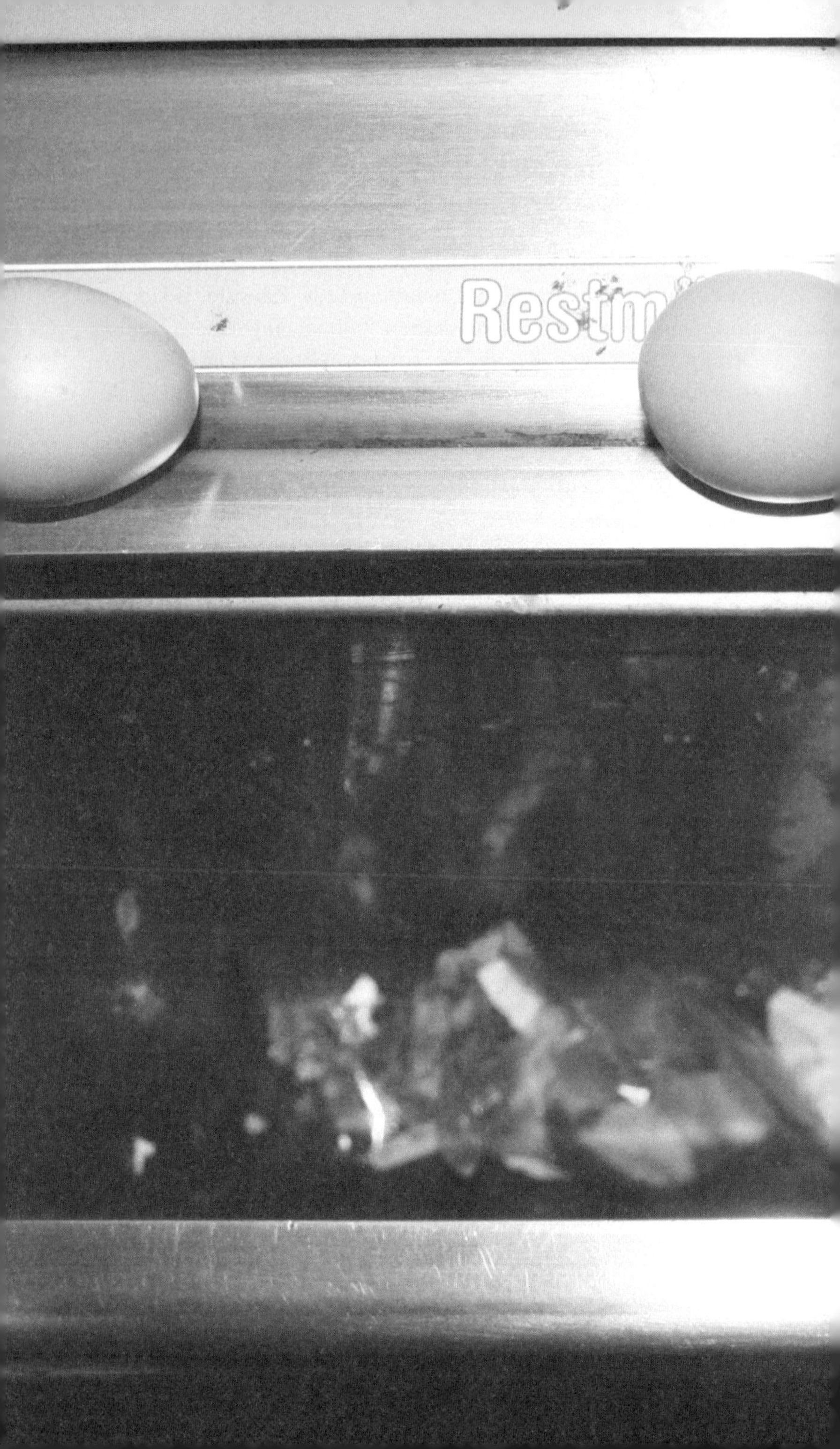

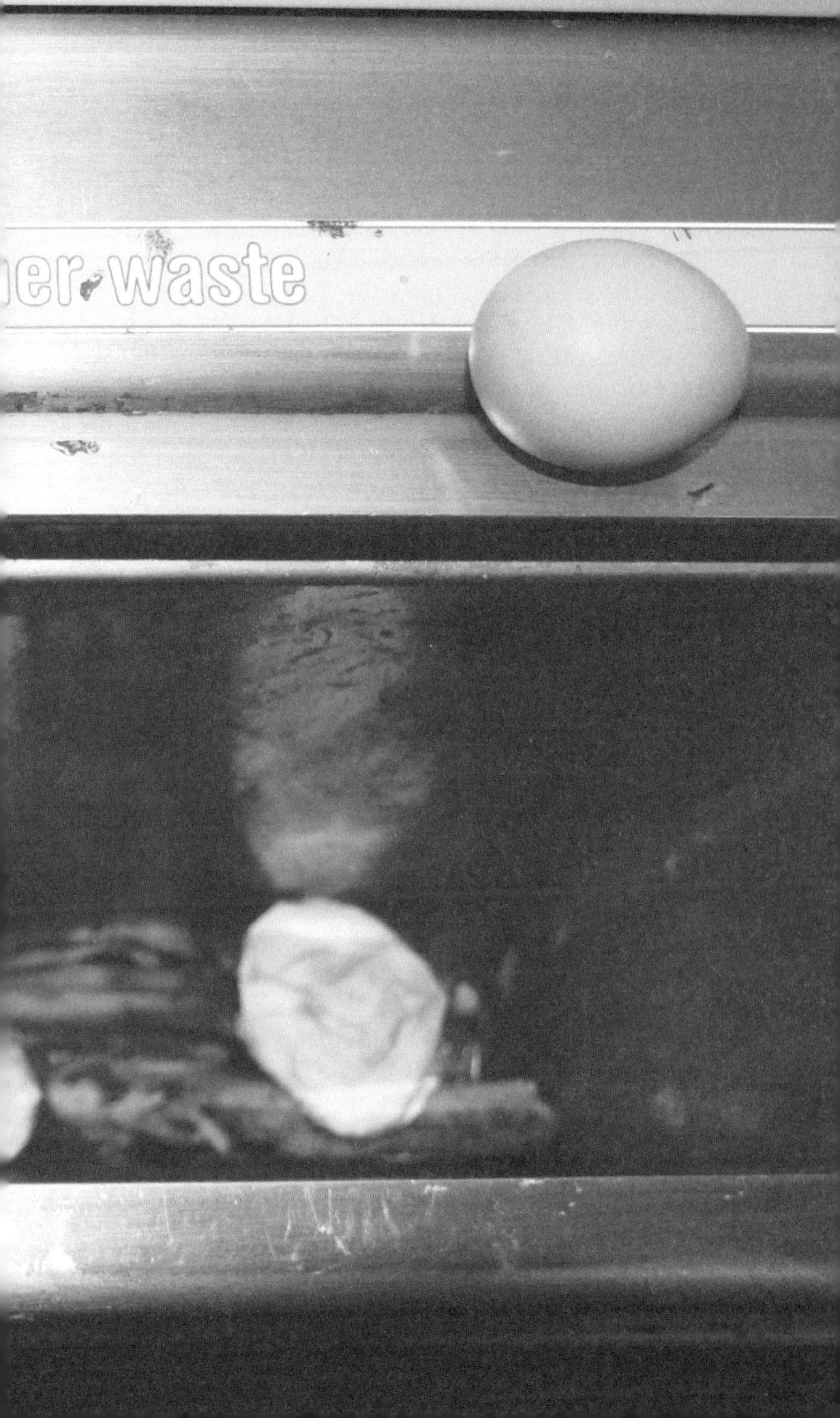
waste

Pro Propofol

Der Raum hatte den nüchternen Charme eines Darmkrebs-vorsorgewartezimmers. Es war ein Darmkrebsvorsorgewarte-zimmer. Das war wohl der Grund. An den weißen Wänden hingen detailreiche Fotos von Koloskopien, von Aussackun-gen und Polypen. Fotosessions im Arsch. Ob es da auch Models gibt? Wahrscheinlich gibt es auch im Darm Schön-heitsunterschiede. Wenn man einen besonders attraktiven Darm hat, ist das als Beruf denkbar? Muss man eigentlich einwilligen, wenn im Darm Bilder gemacht werden, die dann in Wartezimmern aufgehängt werden? Reicht der Persön-lichkeitsschutz so weit? Darüber dachte ich nach, als ich auf dem Schalensitz der Praxis saß und wartete. Mein praktischer Arzt hatte mich überredet, herzukommen. »Darmspiegelung rules«, hatte er gesagt. Er ist noch sehr jung, ich bin nicht mal sicher, ob er schon Matura hat. Manchmal quält mich sein Jugendsprech, aber ich komme bei ihm immer schnell dran, weil sein Wartezimmer immer leer ist. Ärzte, die aussehen wie Kinderärzte, also sehr jung, verströmen bei ängstlichen Pati-enten kaum Vertrauen. Mir ist sein Alter egal. Ich geh davon aus, dass er sich zumindest für Medizin interessiert und später mal ein richtiger Arzt werden will. »Darmspiegelung ist ur«, sagte er.

»Urarg oder urlässig?«, hatte ich gefragt, und er nickte bei beiden Möglichkeiten. »Das bringts ur, Prostatavorsorge nicht so, da sterben mehr, die hingehen, als was, die nicht hingehen.«

Mein Arzt meinte damit, dass es statistisch so ist, dass Männer, die regelmäßig zur Prostatauntersuchung gehen, früher sterben, als Männer, die nicht hingehen. Das hängt wohl mit der psychischen Belastung zusammen, die das Warten aufs Ergebnis mit sich bringt oder ist einfach eine statistische Ungenauigkeit. Aber Darmkrebsvorsorge sei die Champions League der Vorsorgen. Alle 5 Jahre und du sitzt auf der richtigen Seite, sagte mein Arzt, der aussieht wie der Sohn von Justin Bieber.

Im Darmkrebsvorsorgewartezimmer saß ein Italiener neben mir. Er starrte wie ich auf die Divertikel an der Wand. Er trug ein rosafarbenes Lacostehemd und eine Jeans, für deren Look Hunderte von Türken am Sandstrahler ihr Leben gelassen haben mussten. Stone washed heißt übersetzt grabsteingewaschen.

»Ich komm einmal im Jahr«, sagte er. Seine Sonnenbrille war mit dem Gelhaar zusammengewachsen und starrte mich regungslos an. »Es ist herrlich. Propofol. Ein Traum. Ich liebe Propofol«, sagte er.

Ich schaute ihn ratlos an.

»Narkose. Propofol. Vor dem Po. Pro Po Fol. Erst kriegst du das gute Zeug, dann fahren sie dir in den Popsch mit der Filmkamera. Natürlich kleine Filmkamera. Nicht wie ihr bei ORF. Kleine.«

Uns gegenüber saß ein älterer Mann, der in einem Pudelmagazin blätterte. Er schaute auf. »Propofol ist großartig. Das beste. Propofol hat eine kurz andauernde euphorisierende Wirkung. Ich war einmal Chef einer großen österreichischen Bank. Nach der Darmspiegelung hatte ich eine Sitzung, deshalb hab ich mich nicht ausrasten können. Mir gings fantastisch. Da saßen im Sitzungssaal alle Mächtigen des Landes und stritten um die Währung und ich sagte, geh, Burschen, scheißts euch doch nicht an! Propofol rules!«

»Geiles Zeug«, sagte der Italiener. »Michael Jackson hat das auch genommen. Aber zu viel.«

»Ja, offensichtlich«, sagte ich.

»Man muss halt gut dosieren, wie überall im Leben. In den USA soll in Ermangelung eines anderen Wirkstoffes Propofol für Exekutionen von zum Tode verurteilten Häftlingen eingesetzt werden, aber der deutsche Hersteller ›Fresenius Kabi‹ versucht das zu verhindern.«

»Verständlich«, antwortete ich. »Ist ja nicht so werbewirksam. *Mit Propofol stirbt man besser*, das will man nicht lesen, wenn man kurz davor ist, dass einem etwas in den Darm gesteckt wird. Was lesen Sie da?«

»Über Pudel. Bis in die 50er-Jahre wurden Pudel in Paris in der Kanalisation zur Kanalreinigung durch die Röhren getrieben. Wussten Sie das?«

Nein, das wusste ich nicht. Aber jetzt weiß ich, Propofol rules.

Der Deitsche und die Enkelin

Wien ist Kaffeehaus, darum begreife ich nicht, warum es Starbucks in Wien gibt. In verbrunzten Städten wie Hannover oder Stuttgart mag man die Amibrühe für Hochgenuss halten und das Ambiente für gemütlich, aber um keine Kaffeebohne ging ich dort hin. Die Kolumne ist zu kurz, um all die Kaffeehäuser aufzuzählen, die ich in Wien mag. Manche hab ich nur anbesucht, bei vielen anderen habe ich Stammgaststatus. Ich besuche aber nicht nur die ruhmreichen, innerstädtischen Cafés, die Hauptrollen in unzähligen Romanen der deutschsprachigen Literatur spielen, sondern auch die verbrunzt ausschauenden, die bestenfalls Nebenrollen in Schrottbüchern und Groschenheften spielen oder vielleicht auch nur in Polizeiberichten. Da ich ganz gut bekannt bin mit führenden Geldeintreibern des Milieus, die man als »Gürtelgrößen« bezeichnen könnte, hab ich in den letzten Jahren Lokale besucht, von denen ich nie gedacht hätte, dass irgendeine Magistratsabteilung so etwas bewilligt. Dort trinke ich einen großen Braunen mit Schlepperbandenbossen, Zeitarbeitern in der Zuhälterbranche, K.o.-Tropfen-Hostessen, Kinderdieben und Großvätern, die mit dem umgekehrten Enkeltrick reich geworden sind. Mit anderen Worten: Ich kenn mich aus, mir macht man kaffeehaustechnisch nicht leicht etwas vor. Die Söhne vom »Gschwinden« und die Töchter vom »Roten Heinz«, die wütende Enkelin der »Notwehr-Christa«, die Großnichte vom »Oiden-Franz«, Kollegen vom »Blutbademeister-Repic«. Ich hab mal früher in Hamburg gearbeitet, beim Pay-TV-Sender, der damals noch Premiere hieß. Da hab ich Leute getroffen, die befreundet waren mit »Lackschuh-Dieter«, »Corvetten-Ralf« und dem »Wiener-Peter«, der eigentlich Kärntner war. Ich weiß gar nicht, warum ich immer in die Unterwelt abtauche, aber etwas scheint mich magisch anzuziehen. Manchmal bin ich am Stammtisch im »Cafe Wüd« oder im »Gschistigschasti« der Einzige, der keine Erfahrung als Käfigkämpfer hat. Im »Gschistigschasti«, nur »Dschidschi« genannt, klebt an meinem Stammsessel ein Schild. »Der Deitsche«. Mein Szenename, gürtelstadtauswärts. Die wütende Enkelin von der »Notwehr-Christa«, deren Oma bei einer Schießerei mit dem »Roten Heinz« 35 Schüsse auf ihren Widersacher aus »Notwehr« abgab, erzählte mir einmal bei 20 Gin Tonics und einem kleinen Braunen, ich solle ins »Cafe Smart« gehen, das sei arg. Wenn die Enkelin von der »Notwehr-Christa« ein Lokal als »arg« bezeichnet, dachte ich mir, dann muss es lohnenswert sein. Ich ging also nachmittags in den 6. Bezirk. In meinem Handy hatte ich ein paar Telefonnummern von Käfigkämpfern gespeichert, die ich, wenns sehr »arg« werden würde, jederzeit um Hilfe bitten konnte. Das Lokal ist eher dunkel, ich erkannte an einem Tisch ein älteres Ehepaar, das Marillenkuchen aß. Beide im durchsichtigen Netzhemd. An der Bar stand eine junge, schöne Frau, an ihrer Leine war kein Hund, sondern ein Herr im Anzug, der auf allen vieren zwischen ihren Beinen schnüffelte. Über der Bar hing ein Fernseher, in dem ein Gewaltporno zu sehen war. Auf einer Pinnwand hing ein Aushang: »Suche Ferienjob als Damentoilette in Niederösterreich«. Oh Gott. Dachte ich. Niederösterreich. Wie deprimierend. Ich las die Karte. Würstel mit Saft und Koch verprügeln, stand dort als Angebot des Tages.

»Gibt's noch Marillenkuchen?«, fragte ich den höflich aussehenden Kellner.

»Natürlich«, sagte er. »Mit Schlag?«

»Nein, ohne Koch verprügeln«, antwortete ich. »Ich hab das gar nicht gewusst, was das für ein Lokal ist.«

»Ach so, das passiert manchmal, dass hier Leute wie Sie ins Café Smart reinkommen. Haben Sie nicht gesehen, dass die ersten beiden Buchstaben groß geschrieben sind?«

»Von Café?«

»Nein von Smart. SMart. Bitte sehr, Ihr Kuchen. Ohne Schlag.«

Am Abend war ich wieder im »Dschidschi«. Ich setzte mich auf meinen Sessel mit dem Schild »Der Deitsche«.

»Und? Warst du dort?«, fragte die Enkelin von der »Notwehr-Christa«.

Ich nickte.

»Und? Oarg, gell?«

Ich nickte und die Käfigkämpfer neben mir auch.

Mann mit Goldhelm

Es heißt, meine Großmutter habe am Sterbebett gesagt: »Ich mag Rotwein am liebsten, hab aber mein Leben lang keinen getrunken, aus Angst vor Flecken.« Das ist ein sehr trauriger, letzter Satz. Aber er zeigt, dass ihr Reinlichkeit ein wichtiges Anliegen war. In ihrem Haus waren im Erdgeschoß alle Möbel mit einem Plastikbezug überzogen. Das waren die Möbel für die »guten Tage«. Im Keller gab es die gleichen Möbel noch einmal ohne Bezug. Das waren die Möbel für die »normalen Tage«.

Als Kind dachte ich, sie sei sehr reich, weil sie sowohl im Keller als auch im Erdgeschoß an der Wand einen Rembrandt hängen hatte. Der Mann mit dem Goldhelm. Ich wusste, dass Rembrandt sehr berühmt war. In der Schule sprachen wir über Malerei. Ich sagte, ich kenne zum Beispiel Rembrandt und seine Männer mit Goldhelm. Meine Lehrerin war ungebildet und kannte sich mit Malerei nicht aus, denn sie bestand darauf, dass es nur einen Mann mit Goldhelm gäbe.

Ich saß oft im Keller auf einem Sessel für normale Tage und starrte den grimmigen Mann mit dem goldenen Helm an.

Sein Gesicht ist schwach beleuchtet, umso strahlender der Helm mit der Feder. Unangenehmer Typ, müde, mit Stirnfurchen.

»Pass auf, dass du mit den Füßen die Tischdecke nicht berührst«, sagte meine Großmutter.

»Ich hab eh keine Schuhe an«, antwortete ich.

»Trotzdem«, sagte sie und strich die Tischdecke glatt.

Ich wunderte mich sehr, wie penibel, fast geizig meine schwerreiche Großmutter war.

»Soll ich größere Schritte machen oder sogar springen, damit ich den Teppich weniger benutze?«, fragte ich sie.

»Blödmann«, antwortete sie. Sie war Hausfrau, ihr Mann früh gestorben. Ich fragte mich, woher sie so viel Geld hatte, dass sie sich zwei Rembrandts leisten konnte.

»Ja und? Ich hab zwei Rembrände. Ich mag das Bild. Ich hab die eben, ganz normal«, erklärte sie mir. Ich war neun oder zehn und es gab noch kein Internet. Ich konnte Rembrandt nicht googeln. Ich ging in die Leihbücherei neben der Arbeitersiedlung, in der sie in Duisburg lebte. Alle Nachbarn wirkten eher arm. Komisch, dass meine reiche Großmutter nicht in eine bessere Gegend zog.

Ich fand heraus, dass Omas Rembrände wohl mal der Gemäldegalerie Berlin gehört haben. Der Kaiser-Friedrich-Museums-Verein hatte das Bild 1897 erworben. Wieso »das« Bild?

Ich strich »das« durch und verbesserte das dicke Buch über Kunstgeschichte. »*Die* Männer mit Goldhelm« schrieb ich. Und »Gemäldegalerie Berlin« strich ich auch. »Gehören Henriette Aps«.

»Wann warst du in Berlin?«, fragte ich sie. Ich erinnere mich, dass sie im Erdgeschoß stand und die Plastikbezüge abstaubte.

»Ich war noch nie in Berlin«, sagte sie. »Ich war mal in Bochum und einmal in Köln.«

In Köln gab es viele Galeristen. Das ergaben meine Recherchen. In Bochum nur mehrere Malermeister.

»Bist du eigentlich reich, Oma?«

»Nee. Ich ernähre mich von der Luft und von der Liebe«, sagte sie und küsste mich. Sie stach leicht. Sie hatte einen Damenbart, den sie mit einem Porzellan-Damenrasierer »trimmte«, wie sie es nannte. Ich fand, das klang sportlich. Porzellan war auch teuer, das wusste ich.

»War dein Vater reich?« Ich bohrte weiter. Johannes Witzer, mein Urgroßvater. Ich kannte ihn noch. Wie allen meinen Verwandten fehlten ihm Finger, die in einem Stahlwerk lagen. Aus allen verlorenen Fingern meiner Arbeiterverwandtschaft hätte man locker zwei neue Hände machen können.

»Dein Uropa war reich, weil er lustig war. Und gute Geschichten erzählen konnte. Er hat dem Kaiser mal einen Gefallen getan, dafür hat der ihm einen Dankesbrief geschrieben.«

»Der Kaiser? Echt? Der in Berlin?«

Sie nickte. Ich verstand. So musste es gewesen sein. Mein Urgroßvater hat dem Kaiser geholfen. Der Kaiser beauftragt seinen Museumsverein nach Holland zu fahren und zwei Rembrände zu kaufen, die der Kaiser dann meinem Uropa zukommen ließ. Ich schaute mir Fotos vom Kaiser an. Seine Hand war irgendwie verkrüppelt. Vielleicht hatte mein Uropa ihm seine Finger gespendet?

»Oma, kann es sein, dass unsere Familie die Finger im Spiel hatte im Kaiserreich?«

Sie lachte und wischte weiter.

Irgendwann mit elf hatte ich bei Karstadt Dutzende Männer mit Goldhelm gesehen. Für 49 D-Mark. 1985 kam man dann drauf, dass »Der Mann mit dem Goldhelm« gar nicht von Rembrandt ist, sondern wahrscheinlich von einem seiner Schüler. Der kaiserliche Museumsverein hatte sich 1897 hereinlegen lassen.

Als sie starb, legte ich eine Flasche Rotwein in ihr Grab. In ihrem winzigen Arbeiterhäuschen packte ich ihre Sachen zusammen. Die zwei Rembrände, die Möbel aus dem Keller für die normalen Tage.

Im Erdgeschoß befreite ich die Möbel vom Plastikbezug. Wie neu sahen sie aus. In einem Schrank fand ich eine Kiste. Johannes Witzer stand darauf. Ich öffnete sie. Fotografien, sein Personalausweis. Eine Klarsichtfolie. Darin eine vergilbte Urkunde von 1912. »Auf Befehl seiner Majestät des Kaisers und Königs ist dem Werkmann Johannes Witzer von Allerhöchstdemselben in Anerkennung seiner außerordentlichen Tat die beigelegte Zeichnung ›Susanna im Bade‹ zu überreichen. Berlin, den 23. Dezember 1912.«

Ich googelte. Rembrandt. Ich setzte mich auf das Sofa für die guten Tage. Ich weiß nicht, was mein Urgroßvater getan hat, dass der Kaiser ihm ein solches Geschenk gemacht hat. Er war Sozialdemokrat. Das Ende des Kaiserreichs wird er begrüßt haben. Aber irgendwann, vor 1912, hat der Arbeiter dem Kaiser seinen kleinen Finger gereicht.

Ich übergab die Zeichnung den Staatlichen Museen in Berlin. Manchmal geh ich hin. Und schau mir unser Familienbild an. Im Bade. Das hat meiner reinlichen Großmutter bestimmt gefallen.

Der Stein

Er kartografierte den weißen Stein im Flussbett des Pagliamento ganz exakt. Bestimmte die Position des Steins, der dort seit Ewigkeiten zwischen anderen Steinen lag. Vielleicht hatte ich ihn schon einmal gesehen, auf der Fahrt nach Grado, kurz vor Udine, bei Pontebba. Aber ich hatte ihn zwischen all den anderen Steinen von der Autobahnbrücke aus natürlich nicht bemerkt. Das ausgetrocknete Flussbett war voll mit Steinen, die im Sonnenlicht glänzten. Wie dicke Schneebälle, schneeweiß.

Ich hielt inzwischen die lange Stange. Christian hob vorsichtig den ausgewählten Stein in die Höhe.

Viel Spaß, sagte er. Der Stein schien unbeteiligt. Am oberen Ende der langen Stange hatte Christian eine Tasche aus Leder an einem Seil angebracht, mit Sehschlitzen, für die Sicht. Er legte den Stein hinein und verschnürte die Tasche. Er nahm mir die Stange aus der Hand und begann, die Stange langsam zu drehen. Dann immer schneller. Die Tasche mit dem Stein flog an ihrem Seil im Kreis. Wie ein Kettenkarussell funktionierte Christians Konstruktion. Der Stein sah zum ersten Mal in seinem Leben sein Tal aus einer völlig neuen Perspektive. Das war die Idee hinter Christians Kunstwerk. Den Stein aus seiner Lethargie zu reißen. In die Natur einzugreifen. Ewiggleiches zu verändern.

Ein paar Minuten flog der Stein an seinem Karussell, dann hörte Christian auf, die Stange zu drehen. Er holte den Stein aus der Ledertasche und legte ihn wieder zurück an seinen angestammten Platz.

Wow, sagte ich. Der kann seinen Freunden echt was erzählen.

Ja, sagte Christian. Dass da plötzlich ein Österreicher kam und ihn fliegen ließ. Davon kann er noch seinen Enkeln erzählen. Er ist jetzt so etwas wie ein Celebrity innerhalb der Steinwelt hier unten.

Ich nickte.

Christian Ruschitzka, sagte ich. Du hast wirklich ein Herz für Steine.

Und ich dachte an den Text »Herzstück« von Heiner Müller.

Eins: Darf ich Ihnen mein Herz zu Füßen legen?

Zwei: Wenn Sie mir meinen Fußboden nicht schmutzig machen.

Eins: Mein Herz ist rein.

Zwei: Das werden wir ja sehen.

Eins: Ich kriege es nicht heraus.

Zwei: Wollen Sie, dass ich Ihnen helfe.

Eins: Wenn es Ihnen nichts ausmacht.

Zwei: Es ist mir ein Vergnügen. Ich kriege es auch nicht heraus.

Eins *heult*

Zwei: Ich werde es Ihnen herausoperieren. Wozu habe ich ein Taschenmesser. Das werden wir gleich haben. Arbeiten und nicht verzweifeln. So, da hätten wirs. Aber das ist ja ein Ziegelstein. Ihr Herz ist ein Ziegelstein.

Eins: Aber es schlägt nur für Sie.

Wir stiegen ins Auto und fuhren weiter in Richtung Meer. Der Fahrtwind wehte uns durchs Haar. Ich blickte noch einmal zurück. Unseren Stein konnte ich nicht mehr ausmachen. Aber ich hatte das Gefühl, das ganze Flussbett wirkte aufgeregt.

Hat Peter Stein eigentlich mal Heiner Müllers »Herzstück« inszeniert?, fragte ich.

Keine Ahnung, antwortete Christian.

Ist ja auch egal, sagte ich und freute mich auf den Strand.

Neulich auf der Via Dolorosa

»How many money?«, fragte die deutsche Touristin in Jerusalem, die ein schwarzes mit »Je Suis Chablis« bedrucktes T-Shirt aus der Gerard-Depardieu-Kollektion trug. Sie interessierte sich für eine »Original«-Dornenkrone, die in einem Dornenkronengeschäft neben der Grabeskirche am Ende der Via Dolorosa in der Auslage hing.

Der Araber schnalzte mit der Zunge. »Best choice, lady. Original. Only 250 Schekel! Good Price. Original.«

»I give you 200 Schenkel«, feilschte die Dame, die einen badischen Akzent sprach. Sicher hatte sie auf ihrem Koffer den lustigen Badenser Aufkleber kleben. »S gibt Badische und Unsymbadische«.

»Man muss mit denen handeln«, erklärte sie einer anderen Frau, die so »feste« Schenkel hatte, dass ich mir den Währungsversprecher damit erklärte. Ihre überernährte Freundin gehörte auch zur Neigungsgruppe Jesus und wühlte in einem Dornenkronenwühltisch. *10 Dornekronen zu Preis von 9*, verkündete ein Schild auf Deutsch, Englisch, Holländisch, Italienisch, Spanisch und wahrscheinlich Russisch, jedenfalls wars auch auf Kyrillisch angeschrieben. Bis aufs Kyrillische konnte ichs mir übersetzen. Für die Russisch-orthodoxen Jerusalemtouristen könnte es aber auch angepriesen werden mit: »10 Dornenkronen zum Preis von 11!« Russen lieben es zu protzen.

»Is auch original?« Die auf dickem Bein Lebende hielt ein Bündel mit zehn Dornenkronen hoch.

Der Araber nickte begeistert. »All original!«

»Das ist ja fantastisch. Dann nehm ich zehn«, sagte sie. »Für Manfred, Bernd, Oma, Tante Hannelore, die Beimers und Frau Hugenbroich! Das ist ja ein tolles Mitbringsel. Die hat der Heiland am Kopf getragen, das muss man sich mal vorstellen!«

Die »Je suis Chablis«-Frau nickte andächtig.

Ich blickte mich um. Ich wollte sicher gehen, dass kein Dschihadist in meiner Nähe stand. Die Luft schien mir rein.

»Entschuldigen Sie. Erstens glaub ich nicht, dass Jesus mehrmals am Kreuz die Krone gewechselt hat. Das war ja keine Modenschau. Also tu ich mich sehr schwer damit, zu glauben, dass alle diese Dornenkronen original sind.«

Die beiden süddeutschen Christinnen starten mich hasserfüllt an.

»Und zweitens?«, blaffte mich die Frau mit Oberschenkeln so dick wie Gaspipelines an.

»Zweitens sind ja wohl 250 Schekel komplett überteuert für ein paar Zweige, die man zu einem Ring gebogen hat. Das sind fast 50 Euro.«

»Erstens«, sagte die Chablis-Frau, »heißts Schenkel. Zweitens zahl ich nicht mehr als 200 Schenkel. Drittens sind die echt, das hat der Herr Verkäufer ja gerade bestätigt. Der wird sich da wohl ein wenig besser auskennen als Sie. Sie sehen mir ein wenig unsymbadisch aus und dumm. Sie haben einen dummen Blick. Und Sie sind unrasiert. Sind Sie Moslem?«

»Typen wie der glauben an nix«, sagte die Frau mit Beinen im Steckrübenlook.

Der Verkäufer gab mir eine Ohrfeige und schubste mich aus dem Geschäft. Von hinten bekam ich einen fetten Tritt in meinen Christenarsch, der noch immer nicht aus der Kirche ausgetreten war bis zu diesem Zeitpunkt. Mein Po, so überzeugte ich mich später, roch an der Stelle, wo ich getreten worden war, nach Adipositas und Frömmelei.

»Was für Zeiten«, sagte ich zu einem freundlichen Araber, der unter der Hand Karikaturen von Mohammed-Karikaturisten verkaufte.

»Wir sind alle verrückt«, sagte er auf Kyrillisch. Ich hatte gar nicht gewusst, dass Kyrillisch eine Sprache ist. Ich hatte geglaubt, Kyrillisch nennte man nur die Buchstabenschrift. Er verkaufte mir neun Karikaturen zum Preis von zehn.

»Sie sind unrasiert? Sind Sie Moslem oder so ein alberner Hipster?«, fragte er.

»Weder noch«, antwortete ich. »Ich bin kein Hipster und glaub an nichts.«

»Das glaub ich Ihnen«, sagte er und zwinkerte mir zu. Ich lächelte. Ein Glaubensbruder.

AUSSER BETRIEB/
out - of - order

Probleme mit der Bradpittigkeit

Es gibt erwachsene Menschen, die so unklar aussehen wie ein frühes Embryo-Ultraschall-Bild. Undefiniert, mehr Zellhaufen als klar geschnittenes Gesicht. Die auf Fotos aussehen, als hätte man sie absichtlich unscharf gemacht. Die nach nichts aussehen, als hätten sich die Gesichtszüge einfach nie entschieden. Die müssen dann als Handyverkäufer arbeiten oder Zeugen Jehovas oder freiwillige Ordner beim SV Ried. Der Vorteil eines bestenfalls gesichtsartigen Gesichts liegt natürlich auf der Hand. Die Polizei kann unmöglich ein Phantombild erstellen. Wer das Gschau einer Wasserpumpe hat oder eines Pfostens, kann überall untertauchen. Kein römisches Profil, sondern eine Art Sankt Pöltner Profil machts leicht, unaufgespürt zu bleiben. Besondere Kennzeichen: ?.

Laternenpfähle mit Hut.

Ein Dutzendgesicht ist da schon die Einäugigkeit unter der Blindheit des Äußeren. Ich habe Freunde, die so unscheinbar sind, dass ich sie mit anderen engen Freunden verwechsle, auch noch nach Jahren. Denen sage ich zum Trost, seid froh, dass ihr wenigstens genau wie andere ausseht und nicht wie die, die gar nicht aussehen. Eine Zeitlang haben sich meine Freunde mit den Dutzendgesichtern verschiedenartige Tattoos stechen lassen, um es mir leichter zu machen. Aber wenn du unscheinbar bist, kannst du dir einen Bierkasten auf den Kopf setzen und Andreas Gabalier unters Auge tätowieren, du wirst einfach nicht speziell.

Im Fernsehen hörte ich einen jungen Fotografen das Geheimnis schöner Porträtaufnahmen lüften.

»Wenn du ein schönes Gesicht hast, wird's ein schönes Foto. Hässliche Menschen werden keine guten Fotos von sich bekommen.«

So ist es, der Mann hat recht. Natürlich hat man schon Pferde kotzen sehen, aber hässliche Menschen werden nicht schöner durch Belichtung oder Outfit. Face your face. Da gibt es Floskeln wie »Schönheit liegt im Auge des Betrachters«

oder »Schönheit kommt von innen«. Aber mal ehrlich, was von innen kommt, sieht man regelmäßig am Klo. Und der Betrachter ist, wenn man Glück hat, ein höflicher Mensch oder er sieht genauso schlecht aus und versucht sich selbst so in ein besseres Licht zu stellen. Chirurgen wie Worseg leben von der Illusion, dass Männer wie Lugner glauben, Botox mache sie bradpittig. Aus einer Wurst wirst du kein veganes Haubenmenü zaubern können. Wer aussieht wie die Reste aus missglückten Schönheitsoperationen, wird operiert nicht anders aussehen als vorher. Penélope Cruz möchte man werden, Steffi Werger bleibt man. Was hilft, ist Spiegel durch Bilder schöner Menschen auszutauschen oder Akzeptanz. Ich seh scheiße aus, aber wenigstens seh ich aus. Und wer, wie oben beschrieben, gar nicht aussieht, sieht wenigstens nicht scheiße aus und muss im Contest der menschlichen Schönheit gar nicht antreten, weil er nicht dazugehört.

Aber um den »Wachturm« in der Hand zu halten reichts. Ob man selber in der Karlsplatzpassage mit »Gottes Wort« steht oder stattdessen irgendeine Garderobenstange, ist egal.

Die Freunde, die sich ob ihrer Dutzendgesichter Andreas Gabalier unters Lid tätowiert haben, nenn ich jetzt nur mehr »große Töchter«. Und geb ihnen Namen wie Rosalie, Doris oder Monika.

Ich selber seh angeblich aus wie Dirk Stermann. Also auch ein Dutzendgesicht. Ich überlege, mir Steffi Werger lebensgroß auf den Körper tätowieren zu lassen. Aber Steffi Werger mit einem Ganzkörperttatoo von Penélope Cruz. Ich werde Worseg fragen. Dem selber sein Äußeres ja scheinbar völlig egal ist.

Die Revuenovelle

In einem seiner Filme sagt Helge Schneider, dass er lieber keine Tageszeitung läse, da stünde ja jeden Tag etwas anderes drin, nee, lieber nicht.

In Costa Rica saß ich einmal in einem Fährboot durch den Regenwald. In der Reihe vor mir saß eine alte Tica, die mehrere Stunden lang in einer Revue Berichte über die Reichen und Schönen las. Da sie winzig war, konnte ich ihr problemlos über die Zwerginnenschulter blicken und mit ihr gemeinsam die vergilbten Schwarzweißfotos betrachten. Exklusive Bilder der Traumhochzeit der Tennisspielerin Chris Evert mit dem Tennisspieler John Lloyd. Mehrere Seiten lang wurde von der Hochzeit berichtet. Die Sonne Costa Ricas hatte jede Seite ausgebleicht, man erkannte fast nichts. Trotzdem strahlte das Glück der ewigen Navrátilovagegnerin durch. Das Boot schwankte auf dem wilden Fluss, die Zwergin und ich tauchten ein in die Liebesgeschichte, die 1979 ein glamouröses Topereignis war. Das Papier, auf dem die Geschichte gedruckt war, war wellig und verklebt. Der Zwergin und mir war es wurscht. Für mich hatte die Geschichte auch 35 Jahre später einen Neuigkeitswert. Ich hatte nicht gewusst, dass die Evert mit einem Tennisspieler verheiratet gewesen war. Riesige Krägen hatten die Hochzeitsgäste, Frisuren, als wären sie allesamt Statisten bei »Drei Engel für Charly«.

Hatte die Zwergin das Magazin seit 1979 durchgehend gelesen?, fragte ich mich. Immer und immer wieder? So wie Dr. B in der »Schachnovelle« von Stefan Zweig? Als einzigen Input? Für die Zwergin war Chris Evert vielleicht immer noch mit John Lloyd verheiratet. Ich zückte mein Handy, schiss auf Roaminggebühren und googelte die Evert.

Ich fand heraus, dass sie nach ihrer Affäre mit dem britischen Sänger und Schauspieler Adam Faith John Llloyd den Laufpass gab und 1988 den Skifahrer Andy Mill heiratete. 2007 wurde auch diese Ehe geschieden, und sie musste ihrem zweiten Mann sieben Millionen Dollar Abfindung zahlen.

2008 heiratete sie erneut, den Golfer Greg Norman. Nach fünfzehn Monaten trennten sie sich.

Sollte ich das alles der mittelamerikanischen Zwergin sagen? Sie, die im Jahr 1979 gefangen war, wäre vom Glauben abgefallen.

Mir fiel ihr geblümtes Hemd mit dem riesigen Kragen auf. Sie war gekleidet wie ein Gast auf der Hochzeit. Die Zwergin B. Als hätte sie die letzten Jahrzehnte auf dieser Fähre verbracht, ohne jemals eine neuere Ausgabe ihres Society-Magazins zu bekommen.

Wäre die Welt so, wie die Medien es ihr weismachen wollen, hätte Chris Evert längst Silberhochzeit mit John Lloyd gefeiert. Obwohl *Medien* in dem Fall etwas übertrieben formuliert ist. *Medium*, sollte ich präzisieren.

Im Urwald Okinawas wurde jüngst der letzte japanische Soldat gefunden, der sich noch immer im Zweiten Weltkrieg wähnte. Der arme Mann hatte vom Kriegsende nichts mitbekommen. Vielleicht wunderte er sich, dass er seit 1945 gar keinen Kontakt mehr mit seiner Armee hatte und von jedem Nachschub ausgeschlossen war. Ihm hätte eine Zeitung wahrscheinlich helfen können. Den Ehen von Chris Evert-Lloyd nicht.

Die Zwergin B. stelle ich mir seit der Flussfahrt als eine glückliche Frau vor.

Ann-Kathrin wecken

Aus kurzer Entfernung, mit voller Wucht, warf mir Herr Reuter den Basketball an den Kopf. Mein Sportlehrer war ein muskulöser Dorftrottel, der in einem Mistkübel seiner niedersächsischen Heimat ein Diplom gefunden hatte, das ihm erlaubte zu unterrichten. An Schulbildung billigte ich ihm höchstens die »Kleine Matura« zu: drei Jahre Volksschule und eine Tanzstunde. Beim Hürdenlauf war meine Freundin Katja gestürzt und hatte sich die Knie aufgeschlagen. Sie lag auf dem Boden und blutete die rote Tartanbahn voll. Herr Reuter schrie: »Stell mal wer die Hürde wieder auf«, und ich schrie zurück: »Sie sind wirklich ein Arschloch!« Ich half Katja auf und schon flog mir der Ball an die Schläfe. Ich sackte zu Boden und blieb ohnmächtig neben Katjas Blutlache liegen. Ein Bild wie nach einem Amoklauf. Der Dorftrottel hatte mich ausgeknockt.

»Lasst ihn liegen. Tritt sich fest«, hatte er meinen Mitschülern zugerufen und sich den Sack gerichtet. Er griff sich regelmäßig in seine zu enge Turnhose. Sein Lieblingssatz war: »Das weibliche Östrogen macht den männlichen Körper kaputt!« Er trug in der Schule immer ein Muscleshirt, drüber manchmal seine Motorradjacke. Er fuhr eine Kawasaki, deshalb nannten wir sein Gemächt auch so. »Schau, er greift sich wieder an seine Kawasaki«, sagten wir. Oder »Das weibliche Östrogen macht die männliche Kawasaki kaputt.« Wir waren damals 12, meine einmal sitzen gebliebenen Freunde 13, meine mehrmals sitzen gebliebenen Freunde 14, 15 und 16.

Wir schwänzten die nächste Sportstunde. Die ganze Klasse. Wir lagen im Gras am Rhein und schauten auf die Frachter aus Rotterdam und Basel. »Auf dem Fluss muss die Freiheit grenzenlos sein«, sagte einer. »Zwischen Rheinfall und Nordsee.«

»Nordsee ist Mordsee«, sagte ein anderer. Wir alle nickten und wussten nicht, wieso.

»Reuter geht mir voll auf den Kawasaki«, sagte Katja. Wir nickten. Ein Schiffshorn untermalte unser Nicken. »Wir sollten dem Dorftrottel mal zeigen, wie man bei uns in der Stadt mit solchen Typen verfährt!« Wir schauten sie erwartungsvoll an. Katja war die Tochter eines Pfarrers und hatte es wie alle Pfarrerstöchter, die ich kenne, faustdick hinter den Ohren. Sie war 16 und ihr Wort Gesetz.

»Was schlägst du vor?«, fragte ich. Noch immer sah man eine kleine Schwellung an meiner Schläfe.

»Ann-Kathrin wecken«, sagte sie und sah jedem von uns der Reihe nach in die Augen. Wie auch sonst. Gleichzeitig uns allen in die Augen zu schauen, das schaffte nicht einmal Katja, die schon öfter Sex gehabt hatte als wir anderen in der Klasse zusammen. Nämlich einmal.

»Ann-Kathrin wecken, das ist genial«, sagte einer. »Wann? Heute?«

Katja nickte. Wie schön sie war, als von der anderen Rheinseite die Sonne auf sie schien. Sie drehte sich eine Zigarette. Drum. Seemannstabak, wie sie uns erklärt hatte. »Heute Nacht«, sagte sie und steckte sich die etwas unförmig geratene Zigarette in ihren hübschen Mund. »Feuer?«, fragte sie, aber wir schüttelten den Kopf. Wir rauchten alle nicht.

Wir trafen uns um 20 Uhr an der Schule. Aus den offenen Fenstern hörten wir die Signation der »Tagesschau«. Sieben Mofas und eine Vespa. Katjas. Wir fuhren durch die Düsseldorfer Vorstadt und waren Hells Angels. Easy Rider. Ich saß hinter Katja. Unter ihrem Helm flatterten ihre rot gefärbten Haare im Wind. Ich hielt mich an ihr fest, mit den Daumen meinte ich die Wölbung ihres Busens zu erahnen. Wir fuhren in die Siedlung, in der Herr Reuter wohnte. Zusammen mit seiner zwergenhaften Frau, sie war mindestens 40 Zentimeter kleiner als der Dorftrottel selbst, und ihrer neugeborenen Tochter. Ann-Kathrin.

»Was bedeutet der Name Ann-Kathrin?«, fragte Katja in die Runde, als wir vor dem Haus des Dorftrottels standen.

»Die zu Weckende«, riefen wir im Chor, und die Motoren von sieben Mofas und einer Vespa heulten auf, dazu hupten wir, wie es im Verkehr von Kairo nicht lauter sein konnte.

Als in Ann-Kathrins Zimmer das Licht anging, rasten wir davon.

Das machten wir nun jeden Tag. Wochenlang. Es war offensichtlich, dass wir ganze Arbeit leisteten. Der Dorftrottel sah aus, als hätte man ihm Medizinbälle an die Schläfen geworfen. Wir jubelten.

Heute tuts mir leid. Die arme Ann-Kathrin. Wahrscheinlich ist sie heute nervenkrank. Herr Reuter ist kurz nach meiner Matura mit seinem Motorrad tödlich verunglückt. Katja lebt inzwischen in Holland, in Rotterdam. Da kann sie sehen, wie der Fluss sich mit der Nordsee vereint.

Stau mit Clown

Mit meinem Auto, das so alt ist, dass viele vermuten, es sei vor der Erfindung des Rads erbaut worden, fuhr ich neben dem Donaukanal entlang. Mein Auto macht Geräusche wie ein furzender Greis, der mit dem Po zu atmen scheint, wie man es von spanischen Eseln kennt. Als hätte mein Auto Gicht, die sich Meter für Meter schmerzhaft zeigt. Ich ächzte also im Stau an der Ampel bei der Friedensbrücke. Schließlich stand ich. Der Wagen keuchte, mein Blick fiel nach rechts. An einem Haus hing ein Schild. *IBBZ-Interdisziplinäres Beckenbodenzentrum.* Ich fragte mich, wie man den heiklen Beckenboden wohl sinnvoll interdisziplinieren kann. Auch bei dieser Frage wusste ich keine Antwort. Mein Auto klang, als führe es mit einem komplett zerbrochenen Beckenboden. An der Hauswand des IBBZ klebte ein Plakat. *Erobern wir uns die Stadt zurück! Keine Auskunft an Touristen! Oder wenigstens keine richtige!*

Ich erinnerte mich an den Backstageraum eines niederösterreichischen Theaters. Ich möchte keine Namen nennen, aber es war Berndorf. Mir wurde ein Zimmer zugewiesen, in dem über der Steckdose *Gardarobe 1* zu lesen war. Ich überlegte lange, ob ich die Bernsdorfer darauf hinweisen sollte, dass nicht einmal am Gardasee Garderoben Gardaroben heißen, aber ich dachte mir, keine Auskunft von Touristen.

Mein Freund Smbat Smbatjan hatte mich einmal auf ein Verkaufsschild an einem chinesischen Lebensmittelladen am oberen Naschmarkt hingewiesen. Mir ist natürlich klar, dass es sich hier um Tautologie in Reinkultur handelt. Oberer Naschmarkt und Lebensmittelladen? No na, wird der nicht chinesisch sein! Jedenfalls hat mein Freund Smbat dieses Plakat an der Schaufensterscheibe des Chinesen entdeckt: *Aktion! Lulu eingelegtes Gemüse!* 400 Gramm des in Lulu eingelegten Gemüses sollten ein Euro zehn kosten. »Seit wann misst man Lulu in Gramm?«, fragte Herr Smbatjan.

Die Ampel wurde grün, rot, wieder grün und wieder rot. Vor mir versuchten mehrere Autos mehrere Spuren zu wechseln, obwohl der gesamte Verkehr stand. Tatsächlich schienen mir die ungeduldigen Stauteilnehmer der eigentliche Grund für den Stau zu sein. Wie Perpetuum Mobilisten des Irrsinns verhielten sie sich. Mir fiel ein weißer Kastenwagen links von mir auf. Er trug eine Aufschrift. *Clown Poppo verzaubert,* las ich. Kam er vom interdisziplinären Beckenbodenzentrum? Hatte er mit seinem Programm *Schwache Becken Necken* soeben große Erfolge im schmucklosen Veranstaltungssaal des IBBZ gefeiert? Ich bin schon sehr lange volljährig, aber bis heute hat mich noch nie ein Clown verzaubert. Ich fragte mich, wie Poppo das wohl anstellen wollte. Mit seinem Namen hatte er es schon einmal nicht geschafft. Immerhin, die Gnade des doppelten *P*, dachte ich bei mir. Ich rollte weiter. Meine Spur war dabei, die beste zu werden. Links und rechts stands, wir fuhren langsam, aber majestätisch Zentimeter für Zentimeter nach vorn. Ich war mit Poppo schon fast gleichauf. Ich war gespannt. Nur noch Millimeter trennten mich davon, den zauberhaften Clown Poppo am Steuer seines Clownmobils zu sehen. Ich rollte weiter, mein altes Auto quietschte wie der Motor der Titanic, als er auf dem Atlantikboden aufschlug und von Kraken und Walen ausgelacht wurde. Plötzlich stand ich neben ihm und sah ihn durch das Seitenfenster seines weißen Kastenwagens. Der zauberhafte Clown Poppo. Er bohrte versonnen in der Nase. Ich musste lachen. Clowns, die sich unbeobachtet wähnen, verhalten sich tatsächlich wie Clowns. Ich bewegte mein Becken und dachte an Steven Filler, einen Bäckersohn aus Süd Dakota. Wir saßen beim Rodeo nebeneinander. Ich starrte geschockt auf die armen Bullen, denen man die Hoden fest zusammengeschnürt hatte, damit sie wild werden. Steven war gelangweilt. An den Hoden malträtierte Bullen waren sein Alltag. »Weißt du, was mein Hobby ist?«, fragte er mich, seinen speckigen Cowboyhut in den Händen haltend. »Nein«, sagte ich, mit einer viel zu hohen Stimme, aus Solidarität mit den gepeinigten Kreaturen. »Spanisch«, sagte er und spuckte Kautabak aus. »Du kannst Spanisch?«, fragte ich ungläubig, weil ich Bildung nicht zu seinen hervorragenden Eigenschaften zählte.

»Nein«, sagte er, »aber ich wette, es würde mir viel Spaß machen!« Der Stau löste sich kurz hinter der Friedensbrücke auf, als endlich alle begriffen, dass man kein Problem hat, wenn jeder auf seiner Spur bleibt.

Die Qualle

Ein Schulfreund von mir, hörte ich, kauft den Nürburgring. Er hat ein paar Hundert Mitarbeiter, einen Privatjet, er kauft weltweit innovative Firmen auf und ihm gehören wichtige Teile Düsseldorfs. Als wir noch auf Augenhöhe nebeneinander im Pausenhof standen, fluchte er über die verlorene Zeit als Schüler und in unserer Freizeit frisierte er meine Vespa 50, die dann nicht mehr 52, sondern 72 fuhr. Er hasste die Schule. Seine Mutter war Italienerin und machte das beste Eis im Rheinland, 25 Stunden am Tag. Die Tür zu ihrem Eissalon war unsere Himmelspforte. Mit 72 km/h bretterte ich nach der von ihrem Sohn verachteten Schule auf meiner Vespa zu ihr auf ein Stracciatella. Hätte ich damals gedacht, dass mein Schulfreund einmal eine ganze Formel-1-Strecke kauft? Dass er so eine Art Ecclestone werden würde? Seitdem ich weiß, dass mein Schulfreund im Notfall dem Gericht immer 100 Millionen Euro anbieten wird können, mach ich mir um ihn keine Sorgen mehr.

Als ORF-Gagenkaiser könnte ich mir, wenn ich wie Palfrader verhandeln würde, wahrscheinlich auch in zwei oder drei Monaten eine Rennstrecke meiner Wahl kaufen. Aber wozu? Wozu sollte ich Mateschitz Spielberg abkaufen? Um mit meiner 50ccm-Vespa mit 72 km/h alleine Runden zu drehen? Ich bin lange nicht 72 mit meiner Vespa gefahren, weil man auf ihr ab 60 das Gefühl hat, dass der Hinterreifen überholt. Ich habe Angst vor zu hoher Geschwindigkeit. Ich bin mal von Hamburg nach Wien mit durchschnittlich 78 km/h gefahren. Ich war mehrere Wochen unterwegs, bin aber sicher angekommen. Würde ich eine Rennstrecke kaufen, führte ich überall Geschwindigkeitsbegrenzungen ein. Maximal 50 dürfte man fahren, Zebrastreifen gäbs und verkehrsberuhigte Zonen mit einer zulässigen Höchstgeschwindigkeit von zwölf Stundenkilometern. Ampeln mit langen Rotphasen könnten mir auch gefallen. Spielfeld wäre ein Entschleunigungskurs. Komplett verkiffte Althippies und Rudolf-Steiner-Anhänger würden in selbst gebauten rollenden Holzkisten gemächlich an den Ampeln warten, Stunde um Stunde. Vögel sängen und der Lärm der »Boliden« wäre noch leiser, als er bei der Formel 1 inzwischen eh schon ist. Eine Ruheoase wäre mein Ring. Vielleicht ließe ich ihn komplett sperren für Fahrzeuge aller Art. Nur Spaziergänger kämen auf meine Rennstrecke, aber rennen dürften sie auch nicht, eher so schlendern. Die Ampeln gäbs trotzdem. Dort stünden die Steirer dann stundenlang. Ich hab jetzt »Steirer« geschreiben wegen der Alliteration und weil sich ja wahrscheinlich zu meinem Ring bestenfalls Anrainer verirren werden. Ich kann mir nur schwer vorstellen, dass Vorarlberger Motorsportfans nach Spielberg kommen, wenn sie dort nur stehende und langsam gehende Menschen sehen, aber keinen einzigen Rennwagen. Mir geht's mit der Formel 1 so wie meinem Ex-Mitschüler mit der Schule. Ich brauch sie nicht. Autofahren ist nicht mein Ding, auch wenn Autos ja auf Geschlechtsteile Rückschlüsse zulassen, wie es heißt. Ich bin jetzt zum ersten Mal mit einem Smart gefahren. Ein Smart sieht aus, als hätte man ihn aus den Resten eines Unfalls hergestellt, bei dem ein Kleinwagen von einem ICE plattgedrückt worden ist. Der Kofferraum ist so groß, dass man nicht einmal eine ganze Polly-Pocket-Figur hineinbekommt. Man müsste eher sagen, er sei so klein, dass man nicht einmal die Hand einer Polly-Pocket-Figur hineinbekäme. Der Wagen ist so schmal, dass jeder halbwegs normal gebaute Mann links und rechts aus dem Wagen hängt. Ich bin nicht sicher, ob meine beiden Brustwarzen im Inneren nebeneinander Platz fanden. Ich hab den Smart abgemessen. Er ist ungefähr 20 Zentimeter breit und grob geschätzte 30 cm lang. Selbst wenn es windstill ist, wird man von der Straße geweht, weil er statisch einem Taschentuch gleicht. Weil ich mit dem Smart in Holland unterwegs war, wo es seit Jahrhunderten durchgehend stürmt, wurde der Smart willenlos Richtung Nordsee geblasen, wo eine gnädige Brise mich kurz vorm Meer in den Sand plumpsen ließ. Eine Qualle glotzte mich an, als hätte sie schon mehrere Smarts im Sand gesehen.

Die salzige Luft ließ sogleich meine Nase rinnen. Ich hatte ein Taschentuch in den Kofferraum packen wollen, aber es war zu wenig Platz gewesen. Ich schnäuzte mich in die Qualle, die den Kopf angeekelt schüttelte. Als Qualle kannst du dich nicht wehren, schien ihr Blick zu sagen. Ein Hai hätte sich das nicht gefallen lassen.

Mein Schulfreund beliefert die Formel 1 mit High-Tech-Know-how. Die Smart-Leute haben ihn wohl nicht gefragt. Auch bei der Qualle hat Gott sich nicht so viel gedacht. Undenkbar, dass er sich bei irgendwem einen Rat geholt hat, wie man so eine Qualle eigentlich macht. Oder ist die Qualle auch nach seinem Ebenbild erschaffen worden? Wissen das die Vollkoffer vom Islamischen Staat, dass sie theoretisch in der affenheißen Wüste rumballern mit trockenem Mund in verschwitzen, nach Schweiß stinkenden Terrorklamotten im Namen einer Qualle?

Fragen, die man an den zahlreichen Ampeln stundenlang besprechen kann, wenn ich dann mal Spielberg kauf. Falls Sie mal auf meiner Rennstrecke vorbeischauen wollen: Gutes Schuhwerk nicht vergessen!

Der Österizer

Den Speed-Schalter auf zehn umlegen, die Integration beschleunigen. Auf der Küchenarbeitsplatte eines Freundes in München habe ich den Österizer entdeckt. Ein Mixer aus Amerika, aus der Duck-and-cover-Zeit. Als es noch Lehrfilme in den USA gab, wie man sich bei einem Atomkrieg zu verhalten hat. Eine 50er-Jahre-Vorzeigefamilie sitzt beim Essen. (Truthahn, Mais, Schlabberweißbrot, Erdnussbutter), der Atomkrieg beginnt, sie springen unter den Tisch und bedecken ihre Augen mit Mais, Brot, Butter oder Truthahn. Dazu ein hübscher Song: Duck ... and cover.

Der Österizer hätte perfekt in diese Szenerie gepasst. 60 Jahre und etliche Atombombenversuche später, reicher um die Erfahrung, dass Holztische als Tarnung gegen Strahlung nicht der Weisheit letzter Schluss sind und auch der fetteste Truthahn kaum Schutz bietet gegen Radioaktivität, stand ich in München, während der Schnee durchs Fenster der schönen Isarstadt strahlte, meinen deutschen Ausweis im Geldbörserl, kurz vor der Rückkehr nach Wien. Ein Wiener Deutscher in der deutschesten aller deutschen Städte, Zitat A. Hitler.

Ich starrte den Österizer an. Seit 27 Jahren lebe ich in Österreich, so ein Ö-Mixer hätte vielleicht alles vereinfacht.

Ich hielt die Hand hinein und konnte Skifahren und die Kronen Zeitung lesen.

Ich hielt den Kopf hinein. Mir wuchsen innen Gamsbärte. Ich pfiff Andreas Gabalier, vergaß, wie er, die neue Hymne, bekam feuchte Augen beim Gedanken an »I am from Austria«. Fand Skirennen plötzlich interessant.

Ich stieg ganz hinein. Und spielte Stermann, Dene, Voss. Ich litt, als Protestant, unter meinem Katholizismus, unter Raiffeisen, dem Bauernbund, unter Wien, aber auch unter der Provinz.

Ich schimpfte, raunzte, richtete aus.

Mein bayrischer Freund zog den Stecker aus der Dose. Der Österizer stand still. Ich stieg verwirrt hinaus.

Das Bikini-Atoll ist immer noch unbewohnbar, sagte er. Wegen der Atombombentests.

Ich bin neutral, antwortete ich. Womit ich mir alle Positionen offenhielt. Im Mund hatte ich einen angenehmen Geschmack von Brandteigkrapfen.

Traum

Klar war, wir würden sehr reich werden. Sie würden mit dem Mitschreiben gar nicht mitkommen, die »Wows« und »Ahs« kämen aus staunenden Mündern, das »H« des Hollywoodschriftzugs in den Hollywood Hills stünde für Herbert, meinen Vater, den Godfather of Nightmare. Technische Herausforderungen galt es noch zu bewältigen, Drähte, die direkt an meines Vaters Hirn angeschlossen gehörten, verbunden mit den Schreibmaschinen der Drehbuchautoren und Filmproduzenten. Jeden Morgen dachte ich das, kurz nachdem mein Vater mich missmutig mit den vier immer gleichen Worten geweckt hatte. »Willst du ein Ei?« Aus dem traumlosen Tiefschlaf gerissen zu werden und sofort eine Entscheidung zu treffen gehörte zu meinem kindlichen Alltag in der Zeit, als Cholesterin und Eier noch nicht in ein- und demselben Denkvorgang vorkamen. Mein Vater aß jeden Morgen ein Ei. Sein Cholesterinspiegel war wahrscheinlich so hoch, dass er selbst sich nicht darin sehen konnte. Mein Vater war klein und schmächtig. Mit schmalen, kurzen Füßen. Schuhgröße 40. »Wer große Füße hat, ist dumm«, sagte er und: »Nimm dich in Acht vor Katholiken!« Meine Großmutter väterlicherseits war protestantische Sektiererin, mein Vater nicht gläubig, aber von dem Gedanken besessen, dass Katholiken ihm schaden wollten. Ich war neun Jahre alt, als ich ihm zum Geburtstag eine Reise nach Belfast schenkte, um dort an dem bewaffneten Kampf der Konfessionen teilzunehmen. Ein Gutschein, Irland falsch geschrieben. Irrland.

Das eigentliche Irrland meines Vaters war die Nacht, die ihn um den Schlaf brachte. Albträume, gegen die Hollywoods gruseligste Horrorfilme wie Donald-Duck-Folgen wirken. Da Kinder gelegentlich Bücher lesen, kann ich die Inhalte seiner Träume hier nicht wiedergeben. Aber man stelle sich den schlimmsten Angstschocker vor, den man je im Kino sah. Gegen das, was mein Vater jede Nacht erlebte, ist jeder dieser Angstschocker so arg wie die Mainzelmännchen und so aufregend wie eine Ausgabe von »Wetten dass«.

Je nachdem wie ich mich in der Früh entschied, saßen wir zu zweit am Tisch und löffelten unsere Eier leer oder ich aß ein Brot mit Käse und Marmelade und sah ihm beim Löffeln zu. Seine Haare waren zerzaust, sein Blick war leer. Er war erschöpft und erzählte leise die Furchtbarkeiten der vergangenen Nacht. Den Schrecken. Die Angst. Eier sind für mich seit damals Requisiten des Grauens. Die schlimmsten Szenen schilderte er mit geschlossenen Augen. Er erlebte es noch einmal und ich durch ihn auch. Ich hörte auf zu kauen. Ich sah meinen kleinen Vater mit seinen kleinen, klugen Füßen, wie er seine schmalen Hände zu Fäusten ballte, wie sein Gesicht sich verzog vor Anstrengung, vor ihm das geköpfte Ei. Und ich, Hornochse eines Kindes, sagte nicht: »Papi, wie wärs, es gibt Neurologen, Schlafforscher, Psychologen, wär das nichts? Lass dir helfen? Papi?« Das sagte ich nicht, sondern dachte darüber nach, wie man ihn verdrahten könnte. Wie man Kapital aus seinen schlaflosen Nächten schlagen könnte. Wie man das Hirndrehbuch meines Vaters auf reale Leinwände bekommen könnte. Mit Lastern würden die Amis uns Dollars schicken, wir säßen zu zweit in der Sonne Venedigs oder auf Terrassen in Cannes und äßen Eier aus goldenen Bechern, Bud Spencer und Terence Hill bäten uns um Autogramme, und Caroline von Monaco hielte bei meinem Vater um meine zehnjährige Hand an. So malte ich mir unser Horrorfilmstar-Dasein aus. Aber mein Vater stand jeden Morgen einfach niedergeschlagen auf, schüttete das leere Ei in den Mist, kämmte sich und ging zur Arbeit. Er flog nicht zu MGM oder Universal, sondern ging zu Fuß zu den Stadtwerken der Kleinstadt, in der wir lebten. Er war dort der Chef. Keiner von denen wusste, was er nachts an Grauen erlebt hatte. Strom, Gas, Wasser. Und wenn er sich über irgendjemanden sehr ärgern musste, war der bestimmt Katholik. Mittags kam er nach Hause und legte sich nach dem Essen aufs Sofa. Dort schlief er tief, fest und traumlos. Ich war still. Ich wusste, er würde den Schlaf brauchen, denn die nächste Nacht lauerte schon auf ihn.

Ich war 11 und wurde geweckt. »Guten Morgen. Möchtest du ein Ei haben oder nicht, oder soll ich später nochmal fragen?« Ich öffnete die Augen. Mein Vater lächelte.

»Werd erst mal wach«, sagte er und ging in die Küche. Das hatte ich noch nie erlebt. Die Vier-Worte-Begrüßung samt sofortiger Eientscheidung war ich gewöhnt, aber nicht diesen Wortschwall.

Am Frühstückstisch fand ich ihn vor seinem Ei. »Ich will kein Ei«, sagte ich. »Ich hab gelesen, das ist schlecht wegen Cholesterin.«

»Ach«, antwortete mein Vater. »So ein Quatsch. So ein kleines Ei, was kann das schon tun. Guten Morgen, übrigens!« Er sah verändert aus, faltenfreier.

Ich nahm mir ein Rosinenweißbrot, beschmierte es mit Butter und Kirschmarmelade, darauf legte ich ein Stück mittelalten Holländerkäse, darauf ein Stück Pumpernickel. Rheinische Kaffeetafel. Ich sah ihn an und wartete auf den Plot der Nacht.

»Und?«, fragte ich. »Was hast du geträumt?«

Er sah mich an. Mein Vater ist hübsch, dachte ich. »Ich habe geträumt«, sagte er. »Ich träumte, dass ich an einem Auto vorbeigehe, dessen Kofferraum offen steht. Ich schaue hinein und sehe, dass da ein Kopf liegt. Der Kopf von Kurt Tucholsky. Ich denk mir, komisch. Was macht Kurt Tucholsky in diesem Kofferraum. Plötzlich sagte Kurt Tucholsky ›Guten Morgen, Herr Stermann‹ zu mir. Ich denk mir, komisch, dass der berühmte Kurt Tucholsky mich kennt, das ist ja ein Ding.«

»Und?«, fragte ich.

»Dann kam seine Frau und machte den Kofferraum zu.«

»Aus? Das wars?«

»Ja, das wars. Das Auto fuhr weg und ich hab herrlich geschlafen. Tief und fest.«

Mein Vater war glücklich. Ich, böser Hornochse eines Sohnes, sah Venedig verschwinden und Cannes und Caroline von Monaco unsere Verbindung beenden. Hollywood winkte ab, mit dem Tucholsky im Kofferraum war kein Staat zu machen.

Es blieb sein einziger schöner Traum. Heute entscheide ich selbst, ob ich mir ein Ei koche. Ich lebe in einem katholischen Land. Ich habe Schuhgröße 42/43. Letzte Nacht träumte ich von Spekulatius.

Houellebecq

Falls Sie sich noch nicht unterworfen haben sollten und Michel Houellebecqs neuen Roman »Unterwerfung« noch nicht gelesen haben, weil Sie vielleicht Probleme damit haben, seinen Namen richtig auszusprechen, ein kleiner Tipp: Es gibt einen englischen Fußballer, der Danny Welbeck heißt und beim FC Arsenal spielt. Der kommt ohne Ous und Qs aus und wird genauso ausgesprochen. Gehen Sie aber nicht in die Buchhandlung Ihres Vertrauens und sagen, Sie hätten gern diesen Fußballschmöker. Wie es ja oft passieren soll mit Kunden, die von James Joyce »Uli Hoeneß« wollen.

Houellebecqs Roman ist eine Art Weiterführung von FPÖ-Plakaten, nur besser geschrieben. Er kommt auch ohne Reime aus. Seit Charlie Hebdo wird ja gern darauf verwiesen, dass Bleistifte stärker sind als Schwerter. Ich hab allerdings noch nie davon gehört, dass jemand in einem echten Kampf mit einem Bleistift gewonnen hätte. Schon deshalb hatten die Rittersleut in der Regel Schwerter und Helme und nicht Pinsel und Ärmelschoner. Bei dem rauchenden Franzosen heißts gute Nacht Abendland, beziehungsweise: Bonjour, Morgenland. Frankreich wird islamisch, Baguettes werden zu Halbmonden. So weit, so Roman. Irgendwann aber wird klar, dass der schmächtige Bestsellerautor in Wahrheit nur davon träumt, mit drei geilen Araberinnen zusammenleben zu können. Nach Möglichkeit zwei in Dessous unter der Burka und eine mit Haus- und Kochverstand. Houellebecq ist Mitte fünfzig und vom Aussehen her kommt er kaum als Bachelor infrage. Er könnte Rosen der seltensten Art verteilen wollen, schwer vorstellbar, dass sie abgeholt werden würden. Natürlich kann man hier einwenden, dass auch Lugner verhaltensauffällige junge Frauen abbekommt, aber sogar die sind älter als die Fünfzehnjährigen, von denen der französische Michel träumt.

Kurz: Eigentlich will Houellebecq nur ficken, was ein menschliches Bedürfnis und nachvollziehbar ist. Das Autorenfoto im bei Dumont erschienenen Buch von ihm ist einige Jahre alt, und dort sieht er noch aus wie ein osteuropäischer Clown eines heruntergekommenen mitteleuropäischen Wanderzirkus. Sieht man aktuelle Bilder von ihm, hat man den Eindruck, er wäre das Role Model für alle Nachher-Bilder der Crack-Warnkampagne.

Das gesündeste an ihm scheint die ewige Zigarette in seiner Hand zu sein, die er, angeblich nach einem Basketballunfall, stets zwischen Mittel- und Ringfinger hält. Er wirkt, als hätte man ihn aus der Seine gezogen, wo Wasserratten an ihm genagt haben.

Natürlich ist er ein Genie. Sein Vorgängerroman »Karte und Gebiet« gehört zum Besten, was schreibbar ist. Aber »Unterwerfung« hat etwas Verschwitztes an sich. Zusehends schaff ich es nicht mehr, notgeile Protagonisten vom Autorenfoto zu trennen. Da hilft es auch nicht, wenn die Fotos aus uralt-verstaubten Archiven geholt werden. Wie viel Botox bräuchte es, aus Houellebecq den Mann zu bauen, dem man glaubt, dass attraktive junge Frauen gern an seinem Sack lutschen?

Obwohl, die Botox Boys, diese natürlich gebliebenen, älteren Knalltüten aus Deutschland, das will man sich auch nicht vorstellen müssen. Da schliefe ich natürlich auch tausendmal lieber mit dem Franzosen, vor allem, weil man sich bei der von Übelkeit begleiteten Zigarette danach wahrscheinlich besser unterhalten könnte. Es gibt überhaupt nur einen Mann, bei dem ich den Einsatz von Botox verstehen konnte. In Istanbul saß ich einmal neben einem Mann um die 40, der seine neue Stirn präsentierte. Botox, fragte ich lästerlich, mich lustig machend.

Ja, Botox, sagte er. Und erklärte mir, er sei Psychotherapeut und hätte so starke Stirnfurchen gehabt, dass seine Klienten sich vor ihm fürchteten. Alles, was sie ihm erzählten, wurde durch seine Stirn für sie noch dramatischer. Mit der glatten Botox-Stirn fühlten sie sich sofort geheilter.

Der Botox-Psychotherapeut hatte eine schöne, junge Frau, die sehr orientalisch aussah, wohl, weil sie Türkin war. Ich stelle mir vor, ob sie gern mit Houellebecq Sex hätte. Wahrscheinlich nur, wenn er dabei eine Burka trüge.

Trauriger Sex unter Tieren

960.000 Österreicher können laut einer PISA-Studie nicht oder nur sehr schlecht lesen. 962.000 haben bei der letzten Wahl FPÖ gewählt. Irgendwie habe ich das Gefühl, man könnte die letzte Wahl deshalb anfechten, aber womöglich säße dann am Ende nur mehr Monika Lindner im Parlament, sämtliche Diäten aller Mandatare in ihrem Jagdtascherl. Als Kolumnist liest man solche Zahlen natürlich nicht gern. Ich weiß schon, den »Wiener« kaufen die meisten Männer nur wegen der Bilder, aber bald schon werden Kolumnen zwangsläufig und ausschließlich als Hörseite erscheinen, die kleine Schwester des Hörbuchs. Das wird dann so sein wie bei der Erfindung des Tonfilms, und für viele Kolumnisten das Ende ihrer »Karriere« sein. Denn nicht alle Kolumnisten sind mit angenehmen Stimmen gesegnet. Manche klingen wie Todesschreie von Krähen, andere wie Brunftgeräusche von adipösen Tapiren. »Männer verlieben sich mit den Augen, Frauen mit den Ohren«, las ich in einem billigen deutschen Bumsblatt unter der Überschrift »So quatschen Sie jede Frau zum Sex«. Angenommen, ich wäre in der Brunft, ich bin mir nicht sicher, ob ich noch Sex haben wollte, wenn ich auf ihrem Nachttisch so einen Quatsch sähe. Im Tierpark Schönbrunn war ich einmal Spanner, zusammen mit einer Gruppe von Zoobesuchern aller Altersklassen. Im Tapirhaus sahen wir einem Tapirmännchen dabei zu, wie er übermännliche Anstrengungen unternahm, Frau Tapir zu besteigen. Im Verhältnis zu seinem Körper, ist der Penis des Tapirs zu groß geraten. Ihn aufzurichten scheint ohne Viagra fast unmöglich zu sein. Er krächzte, sein Gemächt ächzte. Er stand hinter ihr, seine Vorderbeine auf ihrem gar nicht mal so hübschen Rücken. Schließlich, alle Kinder im Tapirhaus machten große Augen, hob sich der Schwanz (sagt man das bei Tieren überhaupt?). Ein Raunen ging durch uns Menschen. Doch genau in diesem Moment machte Frau Tapir einen Schritt nach vorn und der stolzgeschwellte animalische

Phallus krachte ohrenbetäubend auf den Steinfußboden. Die erwachsenen Männer schrien vor Phantomschmerz auf, die Kinder weinten, die anwesenden Frauen verglichen die Situation mit der eigenen. Der Schrei des Tapirmannes ist in meinen Steigbügeln und Ambossen verankert. Ich hör ihn noch immer. Verzweifelt, verletzt, verloren. Unangenehme Stimmlage, unartikuliert. Am ehesten erinnerte das, was der Tapir von sich gab, an Sächsisch oder Arnautovicisch.

Mehrmals wiederholte sich diese Szene. Kampf um die Erektion, Schritt, patsch. Sie schien völlig unbeteiligt, er begann traurig zu blöken wie ein unattraktiver Schafhirte, der sogar von seinen Tieren verschmäht wird. Es war unsagbar trist. Aber sähe ich auf dem Nachtkästchen einer Frau das Bumsblatt mit der Überschrift »So quatschen Sie jede Frau ins Bett«, würds umgekehrt sein. Ich wäre so abgeturnt, dass ich im entscheidenden Moment den Schritt nach vorn anträte. Die Rache des Tapirmännchens. Manche Männer verlieben sich nämlich mit den Augen in Frauen, die zwischen den Ohren mehr haben als Tapire, Bumsblattmacher oder 962.000 Österreicher. Angenommen, es gibt Frauen, die solche Artikel neben dem Bett liegen haben, dann gehe ich mal stark davon aus, dass sie sich nicht nur die Bilder anschauen, weil sie selber gar nicht oder nur sehr schlecht lesen können. Wahrscheinlich würde sie mich dann bitten, ihr den Artikel mit meiner angenehmen Stimme vorzulesen, woraufhin sie natürlich sofortigen Sex wollen würde und ich dann erst recht den Schritt nach vorn antreten müsste.

Ein Schritt nach vorn wäre es übrigens auch, im Tapirhaus einen weicheren Bodenbelag zu verwenden. Ich nehme mal an, dass der Tapirpenis immer wieder einmal auf die Erde donnert. Auf Spielplätzen zum Beispiel verwendet man doch gern Gummibelag, warum nicht auch im Tapirhaus? Dass beim Liebesspiel der Tapirlümmel ähnlich weich fällt wie ein Kind von der Schaukel. Wenn das geschieht, hätte diese Kolumne wenigstens irgendeinen Sinn gehabt.

PS: Wenn Sie das Gefühl haben, dass es Ihnen mit Frauen so geht wie dem armen Tapir, dann halten Sie am besten einfach den Mund und legen die Hörseite dieser Kolumne ein. In dem Bumsblatt-Artikel gings nämlich um meine Stimme.

Ameisen ablenken

Urban gardening ist inzwischen ein Must, so wie die Vermeidung von Socken in Sandalen. Fiona Swarovski hatte natürlich recht, als sie Sozialhilfeempfängern riet, doch einfach Obst und Gemüse auf der Terrasse selber anzubauen. Viele versuchten das dann auch auch, fanden aber in ihren Wohnungen keine Terrasse.

Meine Wohnung wurde nachträglich an eine Terrasse angebaut, sodass ich gut garden kann. Der ganze Stolz meiner Existenz ist mein Hochbeet, mit dem ich jede drohende Überbevölkerung in meinen eigenen vier Wänden in den Griff zu kriegen gedenke. In New York muss man inzwischen per Gesetz Gärten auf Dächern errichten, ich habs ohne Druck einer Stadtregierung gemacht. Himbeeren, Kirschen, Tomaten, Chili, Minze, Zwetschken und Erdbeeren. Bei mir wächst mehr als in Eden, auch wenn meinen Daumen nur ein massiv Farbblinder als grün bezeichnen würde. Ich habe keine Ahnung, aber Wind und Sonne und ein Bewässerungssystem brauchen mich nicht für die Pflanzen. Ich mach Fotos meiner Stadtflora, sie sorgt selbst für ihre Synthese. Ich muss nur pflücken, ich Gärtner meines Glücks.

Musste, denn seit diesem Wochenende schrillen die Alarmglocken. Ameisen. Massenhaft knabbern sie die Erdbeeren an. Ich versteh sie, weil diese Erdbeeren so köstlich süß sind, wie Supermarkterdbeeren nie sein werden. Trotzdem. Ich bin im Kapitalismus groß geworden. Das ist mein Hochbeet und ich würde gerne selber entscheiden, mit wem ich meine Früchte teile.

Da ich einen schwarzen Gartendaumen habe und von Gardening so viel verstehe wie Fiona Swarovski von Armut, habe ich ein Problem. Ich habe gegoogelt. *Ameisen attackieren Erdbeeren* gab ich ein und fand mich in einer Diskussion von Hobbygärtnern wieder. *Soll ich Gift verwenden*, fragte eine Ameisengeschädigte. *Ich trau mich nicht, wegen dem Gift.*

Ja, antwortete eine andere. *Verstehe ich. Weil dann die Erd-beeren giftig sind. Ich hab mal Backpulver draufgeschüttet, das brachte nichts, aber ich hatte das Gefühl, die Ameisen werden dicker. Ich versuch die Ameisen jetzt abzulenken.*

Ameisen ablenken? Vom Backpulver fettgefressene Ameisen ablenken? Ich bin auch dagegen, Ameisenvölker zu vergiften, Völkermord ist nicht so meins. Ich hätte auch das Gefühl, traurige Erdbeeren zu essen, wenn sie inmitten eines Gemetzels aufwachsen müssen.

Ablenken klingt human. Aber wie lenkt man Ameisen ab? Reicht es, die neue Platte von Andreas Gabalier neben das Hochbeet zu stellen? Den *Mountain Man*? Krabbeln die dann hin, hören sich das an, halten sich den Backpulverbauch und denken sich: Wie kaputt sind denn die Menschen, sich so etwas anzuhören?

Ich könnte auch das burgenländische Regierungsabkommen ausbreiten. Aber Ameisen können ja nicht lesen. Auf der anderen Seite wird das vielen aus der burgenländischen Regierung nicht anders gehen.

Ich stelle jetzt einmal ein Foto von Johanna Mikl-Leitner neben die Erdbeeren. Das ist zwar völkerrechtlich fast noch ärger, als Gift zu verwenden, aber was bleibt mir anderes übrig?

Tu Felix Nikobar

Gois und Loig, Esch und Gnigl, Bschlaps, Pfons, Pfunds und Vomp. Alles österreichische Ortsnamen, die klingen, als kämen sie aus der Sprache der Shompen. Vielleicht gibt es sogar noch Shompen, die einen der Orte kennen, weil einer der Vorfahren mit einem Escher oder Bschlapser vor 230 Jahren in Kontakt gekommen ist. Ich weiß es nicht, aber »frag doch den Inder« hätte, wäre die Geschichte anders ausgegangen, heute in Österreich einen anderen Klang.

Die Shompen leben halbnomadisch und kennen den Gebrauch des Feuers nicht, sind also ungefähr auf einer zivilisatorischen Stufe mit den Burgenländern. Sie leben auf den Nikobaren, einer Insel der Seligen. Tu Felix Nikobar. Ein Paradies im Golf von Bengalen, das der Tsunami 2004 fast komplett zerstört hat.

Wäre die Geschichte anders gelaufen, würden wir heute den Stinkbaum für heimisch erachten, die Prunkwinde auch. Leistenkrokodile wären uns vertraut. Scharnierschildkröten? Die Netzpython? Der Langschwanzmakak? Der Flaggendrongo und der Glühkohlen-Anemonenfisch? Der Zehnfußkrebs Palmendieb? Österreichisch allesamt. So wie Triest einst und auch nicht mehr. Sieben Jahre lang waren die Shompen, wie die Burgenländer, Untertanen ihrer Wiener Majestät. Die Frage ist, ob sie es überhaupt mitbekommen haben. Die Shompen leben sehr zurückgezogen. Die Hubschrauber des indischen Militärs, die nach dem Tsunami zu ihrer Hilfe auf den Nikobaren landen wollten, wurden von den Shompen mit Speeren und Pfeilen beschossen. So ähnlich müssen sich die roten und schwarzen Politiker in der Steiermark gefühlt haben, als sie die steirischen Zwerggemeinden zusammengelegt haben. So wie die Hubschrauber. Die Zwergbürgermeister waren die Shompen, die, anders als die echten Shompen, den Großkopferten in Graz ordentlich Feuer unterm Popsch gemacht haben. Was die Shompen ja, siehe oben, nicht mal könnten, wenn sie es wollten.

Sicher wären die Shompen heute in Österreich Bürger zweiter Klasse. So wie die Molukker in Holland und die Nordafrikaner in Frankreich, die Kongolesen in Belgien und die Ostdeutschen in der BRD. Aber es wäre interessant zu hören, wie sie heute sprächen. Auch in Surinam ist heute noch Holländisch die Amtssprache. Hörte man im Dschungel heut vielleicht ein »Küss die Hand«? Oder ein »Wos is, Gschissener«?

Man wird es nie erfahren, weils versemmelt wurde und zwar gehörig. Beginnend damit, dass man die ganze Kolonialgeschichte in die Hände eines dubiosen Holländers legte, der mit Drogen gehandelt hatte und deshalb unehrenhaft aus der Britisch-Ostindischen Kompagnie rausgeschmissen worden war. William Bolts, ein Mann, der auch sofort jede Lucona versenkt hätte, wäre für ihn dabei etwas rausgesprungen. 1774 wandte er sich an die Habsburger und fragte an, ob nicht vielleicht gesteigerte Lust auf ein Kolonialabenteuer vorhanden sei. Immer nur heiraten, um Machtbereiche auszuweiten, sei doch auch nicht der Weisheit letzter Schluss. Manche seien auch gar zu hässlich, als dass man um die Hand anhalten wolle, da reiche es manchmal, eine Fahne in den Sand eines Eilands zu stecken und zu sagen: »Ich bin bevollmächtigt, im Namen Sr. Majestät des Römischen Kaisers, alles hier in Besitz zu nehmen und überall, wo es passend ist, die kaiserliche Flagge aufzuhissen!« Und ohne Polterabend, die Ja-Sag-Zeremonie und Hochzeitstorte wächst das K. und das K. auch und schwillt überseeisch an mit all den Schätzen, die dort am Strand liegen. So sprach der Drogendealer aus Amsterdam, und die gebärfreudige Maria Theresia, mehrere Kinder an jeder Brust und in den Wehen mit dem nächsten liegend, je drei Kinder auf jedem Arm, dachte daran, wie teuer es wird, beim nächsten Weihnachtsfest jedem ihrer 16 Gschrappen hochwohlgeborene Geschenke zu kaufen und willigte ein. Bolts kaufte in ihrem und unter falschem Namen in England heimlich ein Schiff. Die »Earl of Lincoln«. Wir schreiben das Jahr 1776. In Wien wurde gerade das Burgtheater fertiggestellt, und auf hoher See wurde die »Earl of Lincoln« umgetauft in

»Joseph und Theresia«. Die englische Flagge wurde verbrannt und die schwarz-gelbe gehisst. Da hatte man die Engländer herrlich getäuscht. Niemals hätten sie der Wiener Machtmutti ein Kolonialabenteuer erlaubt. Rule Britannia. Von Austria war in dem Lied ka Red. In Livorno wurde das Schiff mit Kanonen, Gewehren und Soldaten aufgemotzt. Das Ziel war Goa. Endlich tauchte nach Monaten auf wilder See Goa auf, aber mit Goa auch ein englisches Kriegsschiff. Die »Joseph und Theresia« drehte sofort ab und trieb orientierungslos im Golf von Bengalen, bis man auf die Nikobaren stieß. Weil niemand an Land zu sehen war außer ein Paar Flaggendrongos auf einem Stinkbaum, ließ der Junkie-Kapitän ein Boot zu Wasser, und am 12. Juli 1778 hisste er die kaiserliche Flagge. Da strahlten die Glühkohlen-Anemonenfische, und die Langschwanzmakaken hätten die heutige deutsche und damalige Habsburgerhymne gesungen, könnten Makaken singen. Auf der Insel Kamorta wurde ein Haus errichtet, ein kleiner Garten angelegt sowie eine Schanze mit acht Geschützen. Sechs Soldaten unter der Führung des Deutschen Gottfried Stahl wurden zurückgelassen, Bolts war ja nicht blöd. Auf dieser öden Insel bleiben? Nein, so im Drogenrausch war er auch nicht. Kaum war die »Joseph und Theresia« weg, wunderten sich die Dänen auf der benachbarten Inselgruppe sehr, was die Österreicher da auf ihrer Insel machten. Denn die Einwohner der Nikobaren waren eigentlich seit Jahren schon Untertanen des dänischen Königs. Den Shompen war alles wurscht. Die waren schon damals wienerisch gmiatlich. Wenn man in steinzeitlichen Strukturen lebt, sind gehisste Fahnen jedweder Couleur bedeutungsschwach.

Die dünn besiedelte Tropeninsel war da, aber keiner wusste warum. Vor allem in Wien konnte man mit der Idee der sinnlosen Kolonie wenig anfangen. Die sechs Soldaten und Gottfried Stahl pflegten den Garten und warteten auf irgendwas. Auf irgendwas, das niemals kam. Sieben Jahre lang. Dann kam die »Dansborg«. Höflich bedeuteten die Dänen den Österreichern, an Bord zu kommen. Die waren dankbar, Stahl war seit zwei Jahren tot, wahrscheinlich vor Langeweile gestorben. Ein letzter Blick auf die Prunkwinde und den Palmendieb. »Servus, baba!« Die Shompen hätten ein Freudenfeuer gemacht, weil sie ihre sinnlose Insel wieder für sich alleine hatten, konnten aber nicht, weil sie eine Lernbehinderung hatten, was das Feuermachen betrifft.

Das wars. Sieben Jahre im Konzert der großen Kolonialmächte mit dem kleinsten Instrument. Und das einem so musikalischen Empire. Sympathisch. Klein, aber fesch.

Null

Im Jahr 400 nach Christi Geburt wurde in Indien erstmals die Ziffer o verwendet. Vorher gab es immer was, plötzlich gabs auch nichts. Da waren die Inder sicher traurig, und das Jahr 400 bedeutet damit den Beginn der Armut. 1615 Jahre später wissen die Griechen ein Lied davon zu singen. Dem griechischen Finanzminister wäre es zuzutrauen, die indische o zu ignorieren. Uns alle ins Vorindische Paradies zurückzuführen. Im Jahr 399 war immer was am Konto, das Glas nie leer, kein Schüler eine Null. Dann kam irgend so ein Arschloch, wahrscheinlich ein ungefickter Mathematiker, und sagte, da ist ja gar nichts, mich hat noch nie eine Inderin berührt, ich hatte noch immer nicht mein erstes Mal, was soll ich denn sagen, wenn man mich am Inder-Stammtisch fragt, wie oft ich schon mein Rohr versenkt habe. Soll ich sagen: weniger als einmal?

Vielleicht saßen aber auch 400 Unberührbare um ihren Kastentisch, und aus einem großen Topf wurde Linsencurry verteilt. Nach dem 399. Teller war der Topf leer und der 400. schaute blöd aus der Wäsche. Wie viele Portionen sind noch im Topf?, fragte er und der Unberrührbarenkoch sagte: Ich weiß nicht, wie ichs sagen soll, also jedenfalls keine.

Dass gerade die Inder, die ja geburtentechnisch den Chinesen um fast nichts nachstehen, die o erfinden konnten! Zählt man heute alle Inder, braucht man eine 1 mit 9 Nullen. Das gilt heute auch für Austria Wien.

Es kann auch sein, dass 400 n.Chr. ein ödes Jahr war. Die damalige Jugend hatte auf nichts Lust, träumte davon, das irgendwie in einen Slogan zu verpacken, den Weltekel, das Gefühl der Zukunftslosigkeit. Ein Bock, schrieb jemand auf seine Lederjacke, aber das fanden die anderen jungen No-Future-Inder blöd.

Ein Bock, was soll das heißen, riefen sie und steckten dem, der »Ein Bock« erfunden hatte, eine Sicherheitsnadel in die Wange und setzten ihm eine Ratte auf den Kopf.

Zwei Böcke, vielleicht, fragte er zaghaft. Die anderen, die am noch nicht gebauten Bahnhof auf dem Boden saßen und noch nicht erfundenen Punk in noch nicht erfundenen I-Phones hörten, schüttelten ihre Irokesen.

Wird ja immer bescheuerter, riefen sie und bewarfen ihn mit Linsen, die die Ratte gierig auffraß.

Kurz nannten sie sich »die kaum Bock-Generation« oder auch die »Weniger als ein Bock-Generation«. Aber richtig glücklich waren sie nicht damit.

Sie schlurften zu einem der zigtausend Cricket-Plätze und sahen sich das ödeste Cricketmatch der an öden Cricketmatchen nicht armen indischen Cricketgeschichte an. Beide Teams, sagen wir, sie hießen Austria Bombay und Rapid Ashnapur, spielten schon seit mehreren Wochen, aber die Bowler und Batsmen hatten nicht ihre besten Wochen und warfen und schlugen einen kompletten Irrsinn. Die Zuschauer röchelten nach Luft und beneideten ihre eingeschlafenen Beine.

Wie stehts, fragte einer der perspektivlosen Inderpunks einen ungefickten Mathematiker.

Nichts gegen nichts, also gar nichts, sagte der ungefickte Mathematiker und zwinkerte einer Punkinderin mit mehreren Ratten im schwarzen Sari zu, die sich sofort aufs Spielfeldgras übergab. Auf dem Sari stand No Future, natürlich mit diesem seltsamen indischen Akzent. I am dirty and my wife is dirty too, erklärte ein Zuschauer einem anderen, als der ihn nach seinem und dem Alter seiner Frau fragte.

Austria Bombay und Rapid Ashnapur spielten den ganzen Sommer hindurch, den Herbst und kurz vor Silvester, es war noch immer kein Punkt erzielt worden, sagte der ungefickte Mathematiker: Ich habs. Null! Es steht null zu null.

Null? Die Punks waren elektrisiert. Heißt das: nichts?

Der ungefickte Mathematiker nickte, selbst verwirrt von seinem Gedankenblitz. Unberührbare strömten mit Kästen auf dem Rücken aus allen Richtungen zu der Punker- / ungefickter Mathematikergruppe.

Null, riefen sie. Null Portionen Linsencurry!
Null Bock, schrien die Punks.
Das Jahr 400 war gerettet.

Über den Autor

Dirk Stermann ist ganz bestimmt der beliebteste Deutsche in Österreich. Seit 2007 moderiert er zusammen mit Christoph Grissemann die Talkshow »Willkommen Österreich«. Er ist Autor der beiden Romane »Sechs Österreicher unter den ersten fünf« (2012) und »Stoß im Himmel« (2013).

Dirk Stermann ist das Aushängeschild des ORF, der Bundesrepublik Deutschland und seiner Wahlheimat Wien. Im Herbst 2010 wurde er zum »Duisburger des Jahres« gewählt.

Inhalt